前　言

1. 修道非單純的 ＂修心修行＂，而是一種＂淨化
   靈魂，提升靈魂能量＂的方式。
   靈魂是由本靈（自性）及六識覺魂（眼、耳、鼻、
   舌、身、意）構成；修道即 是針對靈魂的構成
   ーー淨化；修道分三個階段 ―

   1-1. 悟道：真正了解明白修道是在淨化靈魂，
   　　　　　　消散儲存在靈魂裡累世的業力業障
   　　　　　　及累世的習性、情緒記憶及消散六
   　　　　　　識覺魂及色身裡的業力業障！

   1-2. 得道：此道為宇宙原始能，又稱法流，修
   　　　　　　道必得有如法的方式才能接收法
   　　　　　　流，也才能以此法流清償消散累世
   　　　　　　的業力業障，這也是修道的精華，
   　　　　　　若所修持的法門接收不到法流，那
   　　　　　　就會是鏡花水月，夢幻泡影一場！
   　　　　　　而且法流量要夠，才有一世究竟的
   　　　　　　機會！

   1-3. 証道：經法流的運作，償清消散業力業障
   　　　　　　後，並進一步提升靈魂能量達到一
   　　　　　　定標準，同時清淨六識覺魂不受外
   　　　　　　環境影響干擾，對一切人、事、時、
   　　　　　　地、物都能遵循＂隨順因緣＂法則
   　　　　　　盡力處理，如此才有機會証道，這
   　　　　　　＂証道＂即佛家講的＂涅槃＂；道
   　　　　　　家講的＂証得大羅金仙＂，其他宗
   　　　　　　教講的＂回到主的懷抱＂。

2. 8000 年前就已有修道法門的存在，當時只是一種法門，並沒有教派。直至 2500 年前中國產生道家思想（老子思想），同時尼泊爾也出現佛家思想（釋迦牟尼思想），當兩位聖人住世時，都有如法的修道法門；隨著兩位聖人的証道不駐世間，後世弟子的領悟各有差異，或被後世曲解原意或某種利益因素，各立門派，各立山頭，以至於失真、失傳，現代已難以找到真正的修道法門；道家演變成道教或民間信仰，雖也勸人向善，但流於以符籙催動鬼神，或吐納練氣養生或通靈辦事；而佛家則偏重於教化人心，勸人從善，修心或辦法會…等，這些都非 " 修道 " 的精華，真正的修道 " 是要能接收法流淨化消散業力業障提升靈魂 "。

3. " 先天真道的法門 "，源自虛空聖境的高靈師尊；5000 年前曾與人間結緣，現在再次與人間結緣；由虛空聖境高靈 - 觀世音佛祖，應因緣直接將修道方法，與人間有緣人結緣，不屬於任何宗派，只是一種修道方式 - 透過做功課承接法流，淨化消散業力業障提升靈魂的方式。

4. 先天真道同修或親朋，對於修行學佛或修道，或人生道上或對靈界、法界，有一些不解處透過傳法師兄或傳法師姊，直接請示 高靈師尊指點開示，經累積一部份師尊釋疑後，集結成冊，命名為 " 與神佛溝通 " 的書籍問世 - 高靈釋疑，盡露天機，分享群生！

1. 弟子問：請示 師尊，"先天真道" 源自何處？
　　　　　　　有哪些師尊？

【師尊答：

1-1. 先天真道法脈源自虛空聖境的玉皇
　　　大帝法脈及燃燈古佛法脈，經由
　　　觀世音佛祖傳予人間有緣。

1-2. 有三位總導師：玉皇大帝、燃燈古佛、
　　　觀世音佛祖，還有來自虛空聖境的師尊：
　　　神農大帝、釋迦佛、太上老君、
　　　九天玄女、觀世音菩薩、玄天上帝
　　　…等，及諸天聖靈。】

2. 弟子問：請示 師尊，"先天真道" 是什麼
　　　　　　　教派？可否概述內容？

【師尊答：

2-1. 先天真道不屬任何教派，只是一種
　　　實修實證修道法脈，屬於觀音法門。

2-2. 內容概述：

　　　2-2-1. 修持：依師尊交待的功課
　　　　　　　（經咒功課，禪修功課，動功）-
　　　　　　　每天修持，漸次消散累世的業力
　　　　　　　業障及消散累世習性及情緒記憶；
　　　　　　　並強化靈魂能量及強健色身。

　　　2-2-2. 調心：時時提醒自己遇事保持
　　　　　　　心平氣和，反觀起情緒的源頭，
　　　　　　　並消散它，在師尊指點下，
　　　　　　　漸次領悟因緣法則—凡事皆有
　　　　　　　其因緣，不強求，不攀緣，

順乎自然，勇於面對處理。】

3. 弟子問：請示 師尊，"先天真道"每位同修的
　　 功課為何都不一樣？
　【師尊答：虛空聖境的師尊，審核每位同修靈
　　　　　　體的業力業障狀況，給每位同修適
　　　　　　合每個人當下狀況的功課，隨著每
　　　　　　位同修的修持淨化靈魂的進度，師
　　　　　　尊會透過傳法師兄或傳法師姊調整
　　　　　　適合每位同修當下的功課內容。】

4. 弟子問：請示 師尊，修"先天真道"需吃素嗎？
　【師尊答：
　4-1. 沒有特別要求，全視個人身體健康需要，
　　　　葷素不拘。
　4-2. 但需避免吃活海鮮類的食物，吃冷凍肉品
　　　　就好－因活海鮮在下鍋時，它們會掙扎痛
　　　　苦，雖有化解法，但修道者還是盡量不要
　　　　做。
　4-3. 不能做釣蝦、釣魚等遊戲，這是戲弄生靈
　　　　會造成生靈的情緒不安、恐慌，修道者不
　　　　可為。】

5. 弟子問：請示 師尊，修習"先天真道"需要寫
　　　　　　"疏文"嗎？可兼修其他法門嗎？若
　　　　　　修一段時間，不想修了，會被師尊懲
　　　　　　罰嗎？
　【師尊答：

4

5-1. 不需要寫＂疏文＂，只要與先天真道結緣
　　 請了功課，師尊自會知曉。

5-2. ＂先天真道＂是自在的，沒任何拘束，只
　　 要是如法之法都可兼修。

5-3. 修或不修，來去皆自己自由選擇，師尊絕
　　 對尊重個人意願，不需有精神壓力負
　　 擔。】

6. 弟子問：請示 師尊，修持＂先天真道＂能改善
　　　　　 身體嗎？

【師尊答：

6-1. 修持＂先天真道＂功課，會拔度累世的業
　　 力業障，身體會隨著業力業障的消散而變
　　 好。

6-2. ＂先天真道＂除了修持功課，也有師尊指
　　 導的動功可幫助活動筋骨疏通氣脈，改善
　　 體質。】

7. 弟子問：請示 師尊，＂先天真道＂同修都在家
　　　　　 做功課，若碰到修持上的疑問要去哪
　　　　　 裡向誰請教？

【師尊答：

7-1. 任何修道上的疑問，都可請教傳法師兄或
　　 傳法師姊，或執道使者。

7-2. 有必要時，傳法師兄或傳法師姊會向師尊
　　 請示同修的各種問題協助解決。

7-3. 原則上每四個月會舉辦一次現場同修會
　　 （疫情除外），交流修道心得，有任何疑

問可當場提出請示！】

8. 弟子問：請示 師尊，民間信仰或道教所稱的玉
皇上帝，與基督教、天主教、回教所
稱的上帝，是否不同？
【師尊答：無論尊稱玉皇上帝或各宗教尊稱的
上帝，事實上是一樣的高高靈，玉
皇上帝統轄人間屬玉皇體系的各教
派、法門，如道教、佛教、
基督教、天主教、回教、法教、
儒教…等。】

9. 弟子問：請示 師尊，何謂業力？何謂業障？
【師尊答：
9-1. 業力：
9-1-1. 嬰靈－歷劫以來曾為女人，因不
小心流產或刻意墮胎而結怨。
9-1-2. 無緣聖靈（或亡靈）－歷劫以來，
有人因當時的”我”為情自殺而
結怨；或歷劫以來，有親朋為當
時的”我”犧牲性命而欠下的
債。
9-1-3. 冤親債主－歷劫以來，與生靈之
間的恩怨情仇及心結而造成恩怨
情仇的債。
9-1-4. 不小心冒犯法界－歷劫以來，幫
人算命、看風水、靈療、通靈辦
事不小心介入別人因果或不明而

評論各宗教法門冒犯法界。
9-1-5. 九玄七祖（歷代祖先及歷代祖先祭拜的神靈）。

9-2. 業障：
9-2-1. 靈障－歷劫以來，曾祈求諸天神靈護佑，或曾修習各種不完整的法門而形成本靈的障礙；或曾傷害生靈的生命而結怨（不管有意或無意的傷害生命）。
9-2-2. 無意間冒犯靈界－歷劫以來，某個時空點，因情緒波動口出惡言，惹怒當下周遭的靈界而結怨。

9-3. 累世情緒：
個人累世以來養成的習性及執念以及病痛記憶。】

10. 弟子問：請示 師尊，迴向的作用？
【師尊答：迴向是以所做功課的法量（做功課接收法流轉為還債的能量），償還累世的債（一切業力業障），就是在淨化靈魂。】

11. 弟子問：請示 師尊，去殯儀館或參加喪禮需唸何咒語護身？
【師尊答：
11-1. 到現場未入會場前，唸 "六字大明咒" 18遍，可形成保護場持續3小時。
11-2. 離開現場後需淨身，找個地方唸5分鐘的＂六字大明咒＂淨身後，再回家。
六字大明咒：嗡 嘛呢 唄美 吽
（uong ma ni bei mei hong）。】

12. 弟子問：請示 師尊，一般民間拜＂地基主＂，
　　　　　　該準備些什麼供品？該如何拜？
【師尊答：若有信仰，有拜地基主者－
12-1. 建物大樓，在7樓以下（含7樓）要拜
　　　地基主，8樓以上不用拜。
12-2. 拜時準備雞腿便當或雞胸肉便當1個、
　　　餅乾3種以上、水果3種不拘數量、
　　　2杯熱開水、紅色蠟燭一對（點亮）。
12-3. 祭桌放在客廳任何方便的地方，朝進入
　　　該單位住宅的大門方向祭拜，主祭者
　　　3炷香，其他人1炷香。
12-4. 拜完插好香後，由主祭者唸以下祈禱文：
　　　12-4-1. 南無 觀世音菩薩 16遍以上
　　　12-4-2. 迴向文2遍：
　　　　　　　祈請 南無 觀世音菩薩作主
　　　　　　　願以此功德 迴向給本宅地基主
　　　　　　　平安喜樂 一切圓滿吉祥
　　　12-4-3. 南無 觀世音菩薩 16遍
　12-5. 有作以上迴向，不必燒金紙（上述迴向
　　　　法量高於金紙甚多）。】

13. 弟子問：請示 師尊，一般民眾拜土地公，有
　　　　　　何需注意的？
【師尊答：

13-1. 向神明作任何祈求，必需得償還；若沒
　　　還，就形成業障，反而會造成往後人生
　　　道上的障礙，這不是神明的處罰，而是
　　　天律；好比向銀行借錢，必需還銀行錢
　　　的道理是一樣的。

13-2. 拜完土地公，祈求完可唸以下祈禱文
　　　（以法量還債）

　　　13-2-1. 心經短咒（3分鐘）
　　　　　　　唵 揭 諦 揭 諦，
　　　　　　　波 羅 揭 諦，
　　　　　　　波羅僧揭諦，
　　　　　　　菩提薩婆訶
　　　　　　　（uong ga de ga de，
　　　　　　　 pa ra ga de，pa ra sam
　　　　　　　 ga de，bo dei swaha）

　　　13-2-2. 南無 觀世音菩薩（24遍）

　　　13-2-3. 迴向文（1遍）
　　　　　　　祈請 南無 觀世音菩薩作主
　　　　　　　願以此功德
　　　　　　　迴向給當前土地公聖靈
　　　　　　　平安喜樂 圓滿吉祥

　　　13-2-4. 南無 觀世音菩薩（24遍）

13-3. 有作以上迴向，不必燒金紙（上述迴
　　　向法量高於金紙甚多）。】

14. 弟子問：請示 師尊，有何短咒可幫助大眾化
　　　　　　　解靈異干擾，化解人生路上的障礙及
　　　　　　　增強專注度？

【師尊答：六字大明咒，每天持誦最少一次，
每天持誦需持續 10 分鐘；行進間或
搭車時皆可默誦，不限時段。
六字大明咒：嗡 嘛呢 唄美 吽
（uong ma ni bei mei hong）。】

15. 弟子問：請示 師尊，何謂 " 眾生平等 " ？
【師尊答：構成人類靈魂的元素－原始能
（宇宙能量）是一樣的，所以稱
" 眾生平等 " 。】

16. 弟子問：請示 師尊，既然 " 眾生平等 " 為何
還有高靈、聖靈、亡靈的不同呢？
【師尊答：

16-1. 靈魂的元素大致上一樣，但靈魂的清淨
度不同，同時對 " 空性智慧 " 的領悟不
同，還有靈魂的能量不同，所以會有高
靈、聖賢靈、聖靈、亡靈的不一。

16-2. 對 " 空性智慧 " 領悟越透徹，則該靈體
能量振動頻率越密集；越不明則該靈體
能量振動頻率越鬆緩，也就形成不同的
頻率磁場，佛菩薩的法身可假冒，但佛
菩薩的能量振動頻率則無法仿冒，此點
如同法界身分證可供辨別。

16-3. 透過領悟 " 空性智慧 " 及如法修持，當
靈魂能量達一定程度，能駕馭各法界空
間的能量，也就可轉化所有的緣。

人世間有類似的概念－ 當一個人的心量越

大，越能包容各種不同意見，並能融合和諧，
這個稱＂正向情緒共振＂。】

17. 弟子問：請示 師尊，人的靈魂構成概念？
【師尊答：
17-1. 活人靈魂（元神）構成：
　　　17-1-1. 本靈（自性）
　　　　－如來識（空性智慧）：儲存累
　　　　世個人的固執及修行的法能。
　　　　－法身識（阿賴耶識）：儲存累
　　　　世與人產生的恩怨情仇善惡功
　　　　過。
　　　　－清淨識（安摩羅識）：儲存累
　　　　世對人、事、地、物的習氣、
　　　　記憶、喜好、執念。
　　　17-1-2. 六識覺魂（眼、耳、鼻、舌、
　　　　身、意的受想行識）－接收當
　　　　世外來資訊。
　　　17-1-3. 身魂（當世肉身能量及精神
　　　　力）。
17-2. 修如法之法，以法流將儲存在靈魂各識
　　　（如上表）裡的東西（業力業障）清償
　　　乾淨，即是修道；所以修道即是在清償
　　　業力業障＂淨化靈魂＂，如心經上說的，
　　　淨化，淨化，再淨化，靈魂真淨化了，
　　　才能真到達彼岸！否則淪為空談妄想！
17-3. 人往生當下，身魂自動歸入本靈，該本
　　　靈立即循法中脈脫離肉身，去屬於祂淨

化程度的空間（不同層天），該本靈仍與尚在肉身裡的六識覺魂連線（往生後 24 小時內，肉身尚有覺受）。

17-4. 往生 24 小時後，六識覺魂開始慢慢的脫離肉身，需再歷 12 小時始完全脫離肉身，脫離肉身後，因與本靈有連線，馬上自動與本靈結合成完整的靈魂。

17-5. 生前六識所接收的資訊，往生後暫存在六識覺魂裡，當該亡靈投胎轉世，本暫存六識覺魂裡的資訊，即分門別類儲存在本靈各識裡；帶著累世的業力業障轉世投胎。

17-6. 重新投胎的新生命，會受本靈各識裡的資訊（業力業障）牽引，不同時段產生各種不同的病痛；也牽引著人生道上不同時段的各種際遇。

17-7. 所以人生的一切際遇，皆源自累世業力業障的牽引，擬改變人生，要從淨化業力業障開始！而修道修行，也是從淨化業力業障開始！

17-8. 虛空法界原始能具備地、水、火、風、空、見、識七大元素，又稱為 " 道 "（即老子說的 – 道可道，非常道），下表供參考：

	地	水	火	風	空	見	識	備註
活人	V	V	V	V	V	V	V	
人的靈魂			V	V	V	V	V	
活動物	V	V	V	V		V	V	
動物靈			V	V		V	V	
人或動物屍體	V	V						
植物	V		V	V			V	

　　說明：1. 空元素：即如來識，隨順因緣
　　　　　　（動物靈沒有空元素，假使祂轉世為
　　　　　　人，虛空法界裡的空元素會自然進
　　　　　　入人的靈魂）
　　　　　2. 見元素：法身識、清淨識
　　　　　3. 識元素：六識。】

18. 弟子問：請示 師尊，"先天真道"對比當今
　　　　　　的修行法門有何不同之處？
　【師尊答：先天真道是虛空聖境的師尊應因緣，
　　　　　　直接從虛空聖境傳法予人間有緣，
　　　　　　是原始修道真法門。當今世上的修
　　　　　　行法門，原本也是修道真法門，因
　　　　　　經過幾千年的流傳或失傳或失真，
　　　　　　比如各宗門有很多的咒語，來自各
　　　　　　法界空間，一般人無法分辨，再經
　　　　　　過輾轉傳承，咒語或發音或內容是
　　　　　　否完整正確也無從考證，那麼用不
　　　　　　同內容或不同發音的咒語修持功效
　　　　　　上就會有落差；先天真道的咒語，

都是經虛空聖境的師尊確認正音過的，差異在接收的＂法能的質＂及＂法量＂強弱不同。】

19. 弟子問：請示 師尊，何謂功德？做善事對修道有何影響？

【師尊答：

19-1. 清淨心或起善念但無實際善行，稱為功德。

19-2. 以清淨心（沒有任何企圖的心）作實際善事，稱為圓滿福德。

19-3. 若有企圖心的善行，則福德會打折扣。

19-4. 單純做善事有淨化＂靈魂＂的功用，做善事的福德會儲存在主靈裡；若是再輪迴為人，則該福德轉為當世的好運；若是修道精進，不必輪迴，則該福德轉為提升靈魂的能量。】

20. 弟子問：請示 師尊，靈魂重新投胎為何喪失累世記憶？民間傳說喝＂孟婆湯＂之事屬實嗎？

【師尊答：

20-1. 靈魂在母體內時，尚有最近4世的記憶，一但離開母體降生於這世上，則該記憶即喪失，乃因在母體內的振動頻率與外界的振動頻率不同；在母體內該靈魂的六識覺魂尚未被外在環境汙染（在母體內時振動頻率較密），仍保有部分累世記憶，一出母體六識覺魂因受外在環境影響干擾（振動頻率變緩），瞬間該累世記憶喪失。

20-2. 喝〝孟婆湯〞之說，純屬民間傳說。】

21. 弟子問：請示 師尊，民間傳說的十八層地獄，是否存在陰間？

【師尊答：

21-1. 十八層地獄為民間虛構教化人心用，有一定的警世作用。

21-2. 實際陰間確有八層極冷空間，稱地獄；作惡多端之人，往生後當下此空間，受酷冷之刑。】

22. 弟子問：請示 師尊，是否真有十殿閻羅？

【師尊答：確有十殿閻羅為一玉皇體系行政單位，屬玉皇大帝統領，又稱雷雨司。專門負責承接轉輪聖王審核人間之種種恩怨情仇、功過的總結，並根據該總結撰寫人生劇本3部，供擬投胎的靈體自行選擇，並監督及記錄其投胎後的人生功過；投胎後依照自己選擇的劇本在人間再次歷練，如此不斷重複，直到該靈魂有因緣淨化潔淨圓滿，才能脫離輪迴。另外，在法界或人間依照正法努力淨化靈魂，增強靈魂能量，到靈魂潔淨圓滿能量達一定標準後，

直接回歸相應的虛空聖境，這即
謂：返源歸宗，不經過雷雨司。】

23. 弟子問：請示 師尊，人往生後，作法會對往
　　　　　生者是否有利益？
　【師尊答：在各寺廟如法的作法會能增加往生
　　　　　者亡靈的靈體能量，亡靈會比較平
　　　　　和自在，但該能量僅能維持半年，
　　　　　一般法會的能量無法淨化拔度亡靈
　　　　　到更高的層天。】

24. 輪迴真實案例：甲男與乙女的感情糾結（體內
　　　　　　　　聖靈作怪）
　【24-1. 甲、乙兩人開始交往，一如正常男女
　　　　　甜蜜談戀愛；當兩人感情發展至－乙
　　　　　女常心甘情願，甘之如飴的幫甲男洗
　　　　　鞋洗衣洗被、整理房間…等等的階段
　　　　　發生了一種現象，甲男平常對乙女都
　　　　　好好的，當乙女對甲男有較貼心的動
　　　　　作時，甲男會突然變臉，露出不耐與
　　　　　嫌惡，甚至講話傷乙女；過後又好好
　　　　　的，此種現象重複發生，搞得兩人很
　　　　　是辛苦；甲男也自我檢視，卻也不知
　　　　　為何會如此；因此就此事來請示 師尊
　　　　　（虛空聖境的高高靈，俗稱佛）。
　　24-2. 師尊指示：
　　　　24-2-1. 往前推到明朝，當朝甲男是富
　　　　　　　家公子，乙女（當朝為男生）

當時是甲男的貼身僕人；乙女在當時對甲男很是忠心，又細心照顧甲男的起居生活，因而對甲男產生特殊情感，乙女內心種下在未來還要好好照顧甲男的心念（即這世乙女心甘情願幫甲男做事的心態）。

24-2-2. 轉到清末民初；甲男還是位公子哥，同時與乙女（當代為女生）及丙女談情，周旋在兩女之間難以抉擇；丙女受不了此種情困，對甲男有怨想不開而自殺；甲男因此心生愧疚，也未娶乙女，選擇出家當和尚去，一段孽緣未了結，只得輪迴再續。

24-2-3. 轉到現在；當甲男出生時，丙女的靈魂即附在甲男身上，只是時間還沒到，甲男並未產生任何異樣；直到甲男國中三年級時，在一次偶然的靈異事件，撞醒了體內丙女的靈魂；從此晚上很難入眠，都是似睡非睡狀態，看遍了中、西醫都認為是自律神經失調，吃了很多藥也沒能改善。
直到甲男與乙女交往，甲男體內的丙女靈魂見到了乙女對甲男的貼心舉止，就如同正宮見到小三，醋勁大發，以其靈力干擾影響甲男的思想行為，極盡排斥厭惡乙女之能，造成甲男與乙女的感情糾葛，痛苦不堪！

24-2-4. 至此了解原委，甲男請示 師尊化解之法；師尊授甲男一拔度丙女靈魂之方便法。

甲男以真心向丙女懺悔，並連續修持 5 小時的方便法，丙女靈魂接收到方便法的法量，也感受甲男的真心道歉，丙女靈魂由灰黑變成白色再變成黃色，最終變成金黃色，以禪坐形態離開甲男身體，並合十向甲男道謝後，即隨觀世音菩薩飛去淨土天淨修去，當晚甲男終睡了一個深沉的好覺。（後記：甲男因丙女靈魂在他體內20 幾年，幫他疏通了一些炁脈，甲男因而開啟了可看見另度空間的特能，妙哉！）

現在甲男與乙女感情甜蜜進行中－

24-3. 由以上真實案例，我們理解到：

24-3-1. 執念是輪迴的重要因素。

24-3-2. 擬了卻恩怨情仇只有懺悔心是

無法化解的，需有如法之法始
能真正消散業力業障；上述案
例，是丙女靈魂先接收到法
量，因法量的力量才放下執
念，再接受甲男道歉！
24-3-3. 有些現代醫學無法處理的疾病
，可從另一視角參考看看。】

25. 弟子問：請示 師尊，人間那麼多寺、廟、
宮、壇、道場；假設都拜同一尊
佛菩薩神明，同名稱的佛菩薩神明有
那麼多嗎？

【師尊答：
25-1. 以供奉 觀世音菩薩的寺、廟、宮、
壇、道場為例說明－生前修持正法的
人，靈魂淨化到某個標準，往生後靈魂
依淨化的潔淨標準進入各層天為神仙，
或菩薩，再應因緣會入駐人間各寺、
廟、宮、壇、道場的觀世音菩薩金身與
人間結緣，如此與人間結緣的聖靈不
少！
25-2. 也有很多另界聖靈或動物靈或亡靈入駐
各種金身的、全視開光者，當事者與法
界的因緣。】

26. 弟子問：請示 師尊，地球上是否很多高高
靈、高靈或聖靈投胎為人來凡間出任
務？

【師尊答：

26-1. 高高靈不會投胎為人出任務，而是直接在虛空與有因緣的人接觸，如先天真道的師尊們與弟子結緣的現象。

26-2. 某些高靈會應因緣，來人間投胎為人出任務，同時再淨化自身靈魂。

26-3. 聖賢靈會應因緣，必須投胎當人出任務，同時在人間歷練淨化自身靈魂。

26-4. 聖靈是來輪迴學習歷練的，兼出任務！】

27. 弟子問：請示 師尊，" 色不異空，空不異色 " 的真實含意？

【師尊答：有兩種含意：

27-1. 汙濁的靈魂（色）與潔淨的靈魂（空）是不一樣的，反過來說潔淨的靈魂（空）與汙濁的靈魂（色）是不一樣的；但汙濁的靈魂若淨化潔淨了就是（空）。

27-2. 所有物質（色）是法能（空）在某個因緣際會之下所形成的，所以色不等於空，空也不等於色，因為 " 空 " 必須有 " 因緣際會 " 的因素加入，才能形成物質（色）。】

28. 弟子問：請示 師尊，佛教說的 " 諸惡莫作，眾善奉行，自淨其意，是諸佛教 " 其中 " 自淨其意 " 是何意？

【師尊答："自淨其意"是指淨化自身的"識
　　　　"，此識包含本靈及眼耳鼻舌身意六
　　　　識覺魂，自淨其意即是"自淨靈魂
　　　　"的意思，是諸高靈所要教導眾生
　　　　的原意。】

29. 弟子問：請示 師尊，何謂"一念不起"？
【師尊答：應因緣起才起念頭；若無因緣起，
　　　　則不起任何念頭，例如：

29-1. "我需要去高雄辦事"，這是因緣
　　　起，先有"需要去高雄辦事的因緣"
　　　生起，才起念頭想"要如何去？坐什
　　　麼車去？"等等念頭，這是正常規
　　　劃；倘若沒有"需要去高雄辦事的因
　　　緣"，而妄自想"我怎麼去高雄？坐
　　　什麼車好？什麼時間去好？"等等的
　　　念頭，這叫"妄念"。

29-2. "這個東西很好用，我想分享給甲朋友
　　　"，所以我安排時間拿去給他，介紹這
　　　個東西給他，分享使用心得，這整件事
　　　是先"起心動念"，才有拿去給朋友的
　　　後面行為；如果只是，"這個東西很好
　　　用"，當下念頭到此止住，有一天，剛
　　　好甲朋友因為某事來找你，你突然想起
　　　"這個東西很好用"要分享給他，當下
　　　會拿給他，這稱順應因緣。

29-3. 突然想起某人或某事，這就是冥冥中的
　　　"因緣起"，不是刻意動腦筋搜尋的。

如上述，常保持順應因緣的狀態，會讓靈魂更清淨；若常胡思亂想自選因緣，則必須自行負責善了因緣！】

30. 弟子問：請示 師尊，有些人間宗師稱可帶領他的學生回佛國，這樣說是否可能？
【師尊答：不可能。任何人必得有因緣依高靈師尊所傳的正法才能有法量淨化個人靈魂到潔淨的境界，同時必須修持到足夠的法量才能返回先天（佛國）；如同釋迦當時是受高高靈－燃燈古佛教導，才得以証道；沒有任何一位人間宗師或人間老師可帶領學生返回先天，因已証道的高靈或先天高高靈不會來投胎為人，再來人都是必需再淨化的，因本身靈魂潔淨度還不夠，某些道理還不夠完整透徹，沒有如法之法指導學生淨化靈魂，所以無法讓學生的靈魂潔淨到足以返回先天（佛國）。】

31. 輪迴真實案例：亡靈索命
【31-1. 甲先生，身體一向健朗，晨操唱歌樣樣行；某年突患 " 溶血性貧血症 " ，病發時，人會全身無力虛脫感，已進出醫院數次，經朋友引介來請示 師尊（虛空聖境的高靈－俗稱佛）。
31-2. 師尊指示

31-2-1. 甲先生在元朝時，為一殺豬的專業屠夫，某天和好朋友乙先生喝酒閒聊，言談中起了口角衝突，甲先生一時衝動，以他殺豬放血的技術，殺了好友乙先生，乙先生當場承受血漸流失，人漸虛脫，一步步邁向死亡的恐懼與難受，這樣的情緒記憶深植乙先生意識，也形成了乙生對甲先生很深的怨。

31-2-2. 幾經輪迴，因緣成熟，這世乙生亡靈找上了甲先生來要債索命，讓甲先生得了不治之疾－溶血性貧血症，當甲先生發病時，身體的感覺，就像血漸流失，人漸虛脫，步步邁向死亡的非常恐懼覺受，如同乙生被放血殺害時的覺受，完完全全反射在甲先生身上。

31-2-3. 師尊告知弟子，乙生亡靈怨氣很重，且持令來向甲先生索命，時間將至，甲先生已來不及修持化解；但明裡不能坦白告訴甲先生死期將至，只能給他一結緣方便法，請他試試或許有轉機，一方面安甲先生的心，一方面在甲先生靈魂種下善根！

※ 一個月後，甲先生病逝醫院。

31-3. 傷害生靈性命，分有意，無意及
不得不（如戰爭），其中以有意結怨
最深，被
有意傷害性命的生靈，祂的意識裡
充滿”恨”，會請令來討債索命，
雖說過去世，我又不知，但在輪迴裡，
凡走過必留下痕跡；若有機緣早日
接觸如法之法，好好修道還債改變命
運，是幸運的！】

32. 輪迴真實案例：情感糾結
【32-1. 現代－甲男與乙女是大學同學，也是
情侶；又一起到歐洲留學，感情一直
很好，後來也就順理成章的結婚生子！
就在結婚生子後，兩人感情突然產生
巨大變化－常為一些小事起爭執，演
變到後，雖有法律婚姻，卻形同陌路
人；而甲男的媽媽丙，一直對乙女很
好，但乙女對丙卻諸多抱怨與排斥，
另外甲男與自己的父親丁，卻是時生
矛盾不和。長輩對此傷透腦筋，找了
多位玄學老師、通靈師父，都不得其
解，經引介來請示 師尊瞭解原由。
32-2. 師尊指示：
32-2-1. 往前推至明朝－甲男在當朝是
位富有的員外，擁有三妻四
妾；乙女當朝是甲男的侍妾之
一，但甲男卻常虐待乙女這位

侍妾，至使乙女對甲男產生怨恨！這怨恨的念頭深深埋在乙女的靈魂意識裡。

32-2-2. 轉至清朝－甲男現代的媽媽丙在清朝是位員外，擁有諸多妻妾，而甲男清朝是丙的正宮所生；而甲男現代的父親丁在清朝是丙的寵妾，當時甲男就對丁很是排斥，且沒禮貌；而丁當時就想哪天有機會管教訓斥甲；而乙清朝是丙在外的私生子，當時丙沒有好好照顧乙，致使乙對丙心生埋怨，甲男自恃正宮所出，非但看不起當時的乙，更常欺負乙，致使乙心生不滿與怨恨！

32-3. 轉至現代－

32-3-1. 乙女累積了 2 世對甲男的 " 怨恨 "，時空點到了引發出來，致使乙女對甲男的有諸多的不爽、諸多的不順眼、諸多的抱怨，短時間怕難以平復！

32-3-2. 乙女前世對丙的心結帶到這一世，雖然這一世丙對乙很好，乙女還是諸多抱怨與排斥。

32-3-3. 甲男在前世對丁的排斥沒禮貌的意念，帶到這一世來，而丁在清朝播下想訓斥管教甲的意念，現代就成為甲的父親；
變成現代丁管教甲，甲不以為
然，甚至甲對現代父親丁不太
有禮貌的現象！

32-3-4. 這世的丁男與丙女感情很好，
如同清朝時丁是丙的寵妾般相
親相愛！只是輪迴後性別互
換！

32-4. 以上案例中的甲男與乙女，一直活在
抱怨、埋怨、不滿的怨懟裡，造成全
家的不和諧，化不開的心結，放不下
的埋怨；這些累世的情緒意念，若沒
有相當的法量，是難以化解的！】

33. 弟子問：請示 師尊，何謂得道？何謂證道？
【師尊答：道有兩種含意；一為法能；如老子
道德經上的 " 道可道非常道 "，這
裡的道講的是 " 法能 "（原始能）
是構成宇宙的元素，也是靈魂的能
量源；一為 " 修道 " 的道，講的是
靈魂。

33-1. 得道，意為透過某些方式，而可接收到
法能，稱 " 得道 "，得道是修道的基本
要件，若無法得道，則不能稱為修道，
只能說是 " 修心養性 "。

33-2. 證道，指靈魂整體淨化至潔淨的境界，
進一步提升靈魂的能量達某一標準，返
回先天，始稱證道。

（註：靈魂淨化潔淨指：將本靈裡的業力業障
淨化乾淨；清淨覺魂，淨化六識，不執著，
但清楚明白一切事，且不受一切事影響困擾
或干擾。）】

34. 弟子問：請示 師尊，是否確有＂西方極樂世
界＂？
【師尊答：法界裡確有西方極樂世界，簡述如
下－

34-1. 它是仗 阿彌陀佛大能，在淨土天第21
層天設立了＂西方極樂世界＂的聖境，
凡世人一生精進稱念＂南無阿彌陀佛＂
聖號，精進往生後有因緣可進入＂西方
極樂世界＂；當然，不是每一位唸佛者
可進入，需視當事者的精進程度及因
緣！

34-2. ＂西方極樂世界＂不是究竟之境，是一
處擬前進阿彌陀佛虛空聖境的中繼進修
站，到那裡的聖靈仍需精進淨化，否則
福報享盡仍需來人間輪迴。】

35. 弟子問：請示 師尊，地藏菩薩說＂地獄不空，
誓不成佛＂的真實含意？
【師尊答：此處地獄是指＂儲存很多業力業障
的靈魂，該靈魂裡有許多業力業障
，如地獄般的髒污＂，這些業力業
障若不淨化潔淨，是無法成就的。】

36. 弟子問：請示 師尊，修道路上，人間師有何
　　　　危機？

【師尊答：

36-1. 人間師，受眾學生、信徒、弟子等拱
　　　托，潛意識容易產生優越感，我慢心，
　　　因而再墜入輪迴。

36-2. 為師者如未透徹因緣法則，妄自我慢，
　　　對信徒或學生說要帶他們"回家"（返
　　　回先天）－殊不知"回家"需得個人"
　　　自己"依如法之法，修得一定量的"法
　　　能"，始能藉法能淨化乾淨靈魂裡的業
　　　力業障，才有機緣"回家"。

36-3. 而人間為師者妄自許下帶學生或信徒"
　　　回家"的諾言，將需輪迴來了結諾言。

36-4. 或一些人間師，未開悟說開悟，未證道
　　　言證道，講的道，傳的法，是是而非，
　　　誤人誤己，這是在造業汙濁靈魂，需得
　　　持續輪迴直至淨化潔淨止。

36-5. 很多人間宗師，具有靈通力，但那並不
　　　是淨化靈魂後顯現的大智慧，而是某因
　　　緣或帶有神通慾望的盲修瞎練，導致他
　　　靈入住身體，產生的靈通力－這是一
　　　種魔性，一種業障現象，需謹慎小心！】

37. 弟子問：請示 師尊，金剛經上說"一切有為
　　　　法，皆如夢幻泡影，應作如是觀"的
　　　　真實義？

【師尊答：

37-1. 不能讓行者到達究竟的法門，是謂有為
法稱為夢幻泡影。

37-2. 能讓行者達究竟的法門，就是法，當行
者究竟之後，那些法要捨棄不執著。

37-3. 但在修道的過程中，還是要有如法之法
為依循，行者才有機緣達究竟之聖
境！】

38. 弟子問：請示 師尊，如何檢視自己是否在修
"如法之道"？還是只是在"修心養
性"？

【師尊答：

38-1. 認真做師尊教導的功課一段時間後，當
負面情緒產生時是否自己能調伏？是否
對人、事、時、地、物有更豁達的心態
去面對？

38-2. 自己是否時時反觀檢視自身內心情緒變
化的根源？當無從查知根源，也無法以
人的毅力或心力去除引起負面情緒的根
源時，是否可透過師尊教導的法借助法
界能量直接連根拔除那負面情緒的無明
根源，清除無明根源後，該負面情緒不
再出現。

38-3. 是否能透過師尊教導的法，借助法界能
量，自己能處理有關靈的問題，例如幫
人收驚、拔度自身歷代祖先亡靈（從陰
間拔至高層淨土天界）、淨化住宅或某
些場所的負面磁場。

38-4. 認真作師尊教導的功課，自己能拔度消散自身的業力業障，也能自行處理卡靈的問題。

38-5. 請行者自我檢視：是否能符合上述1~4項，因修道是在淨化靈魂，靈魂淨化一定程度，會產生俗稱的法力，這法力能用來處理有關 " 靈 " 的問題，若無，則必須誠實面對檢討自身的修道內容，勿虛擲光陰！】

39. 弟子問：請示 師尊，某些遠古的祖先是否已經去投胎轉世已經不在神主牌位裡？
【師尊答：是的，遠古祖先去投胎轉世就不在神主牌位裡。】

40. 弟子問：請示 師尊，若男女離婚，小孩跟著母親，因某些因素，小孩無法祭拜生父那邊的祖先，對小孩有何影響？
【師尊答：和有無祭拜無關，和小孩跟誰姓跟誰住無關，因有生父的血緣因果牽扯，對小孩都會有正、負面的影響！】

41. 弟子問：請示 師尊，人往生後，不管是火葬、土葬、樹葬、海葬等，是否一定要立神主牌位？如果沒有立神主牌位，會有什麼現象？
【師尊答：

41-1. 立神主牌位較如法，可以讓亡靈在法
界有歸屬的地方，亡靈會比較安心；
若家中不方便立牌位，可在靈骨塔
立牌位。此外，火葬、土葬、樹葬、海
葬有立神主牌位的，亡靈平時會依附在
神主牌位裡（換言之在法界空間
裡該亡靈有依止的地方）。

41-2. 如果沒有立神主牌位：

　41-2-1. 土葬沒有設立牌位的，亡靈會
　　　　　在墓園遊蕩。

　41-2-2. 火化骨灰罈安置在靈骨塔，家
　　　　　裡及靈骨塔都沒有設立牌位
　　　　　的，亡靈會依止在生前住家
　　　　　（自己家，租的不算）的某個
　　　　　角落；如果生前沒有住家，亡
　　　　　靈會在靈骨塔墓園範圍內遊走
　　　　　（亡靈無法依附在骨灰罈裡）。

　41-2-3. 樹葬（已火化）之亡靈，沒有
　　　　　設立牌位，也沒有生前住家的
　　　　　亡靈，會依止在樹葬墓園範圍；
　　　　　若有生前住家，則會依止在生
　　　　　前住家裡。

　41-2-4. 海葬（已火化）之亡靈，沒有
　　　　　設立牌位的，不管生前有沒有
　　　　　住家，亡靈將依止在海裡，受
　　　　　陰冷之苦。

41-3. 無論是火葬、土葬、樹葬、海葬沒設立
牌位的或有設立牌位的，但亡靈未如法

入駐牌位的；不管生前有無住家的這些
亡靈，會因因緣際會有以下現象：

41-3-1. 某些亡靈會被攝到在寺、廟、
宮、壇裡當陰兵（與該寺、
廟、宮、壇的主神有特殊因
緣）。

41-3-2. 某些亡靈會依止在草木、石頭
或荒廢建物裡當陰靈，稱孤魂
野鬼。

41-3-3. 某些亡靈會被困在特殊的靈界
場區裡。】

42. 弟子問：請示 師尊，何謂亡靈？何謂聖靈？
何謂聖賢靈？何謂高靈？何謂高高靈？

【師尊答：以觀音體系為例說明：

42-1. 零度淨土天至淨土天第6層天，計7個
層天的靈體稱為 " 亡靈 "。

42-2. 淨土天第7~30層天的靈識稱為
" 聖靈 "。

42-3. 虛空聖境第1~13層天的靈識稱為
" 賢聖靈 "。

42-4. 虛空聖境第14~17層天的靈識稱為
" 高靈 "。

42-5. 虛空聖境第18層天以上的靈識稱為
" 高高靈 "。】

43. 弟子問：請示 師尊，個人德行功過是否會影
響親人？

【師尊答：會影響。

43-1. 以 " 我 " 為例，詳述如下：
　　　我的功過會影響我的父母輩，祖父母
　　　輩，也會影響我的子女輩及孫子輩；意
　　　即以 " 我 " 為中間，往上二代，往下二
　　　代的直系血親互有影響。

43-2. 同原理，祖父母輩的功過往下也會影響
　　　我的父母輩及我這一輩。

43-3. 同原理，孫子輩的功過往上也會影響我
　　　的子女輩及我。

43-4. 這些功過都會隨著我的往生，繼續跟著
　　　輪迴。

43-5. 根據上述，家庭教育很重要，聯繫著因
　　　果關係，所以時常保持善心善念，正心
　　　正念來教育子孫是很重要的。】

44. 弟子問：請示 師尊，先天真道同修對其親人
　　　　　　往生者，有何方法助益他們？

【師尊答：

44-1. 先天真道同修修持功課一段時間，經授
　　　記後，透過師尊指導的法，借助師尊法
　　　能，可以將自願接受拔渡的歷代祖先從
　　　陰間拔渡至較高層次的天界，在高層次
　　　天界繼續淨化提升。

44-2. 先天真道另有師尊傳的 " 送行者方便法
　　　" ，可利益往生者！】

45. 弟子問：請示 師尊，無論是火葬、土葬、樹葬、

海葬有立牌位的，祭拜時亡靈在何處
接受祭拜？

【師尊答：

45-1. 亡靈平時依止在神主牌位內（註1），
　　　若在神主牌位前祭拜，則亡靈在神主牌
　　　位處接受祭拜。

45-2. 若不在神主牌位處祭拜，而是在葬的地
　　　方祭拜，則亡靈會移往葬的地方接受祭
　　　拜。

註1：海葬的亡靈（依止在海裡），若無特殊
法門，一般法門是無法引該亡靈入駐神主牌位
的，該亡靈會一直依止在海裡，受漂盪陰冷之
苦。】

46. 弟子問：請示 師尊，從何處下功夫，才有機
　　　　　　會證道？

【師尊答：需從以下三點下功夫：

46-1. 本靈的淨化：依如法之法修持，拔渡淨
　　　化累世以來儲存在本靈裡的所有業力業
　　　障淨化至潔淨無染的聖境（本靈的空
　　　性）。

46-2. 六識覺魂的淨化：依如法之法調整淨化
　　　隱藏在六識覺魂裡的五蘊執念及在日常
　　　生活中以意志力、心念時時調整心性脾
　　　氣常保心平氣和，對人事時地物能以順
　　　應因緣法則的心態面對，使六識覺魂不
　　　受一切人事時地物影響干擾（六識覺魂
　　　的清淨）。

46-3. 提升本靈能量－若能達到上述境界，進一步領悟因緣法則，並提升強化本靈能量到一定程度，才有機緣證道。】

47. 弟子問：請示 師尊，何謂法界？何謂靈界？
【師尊答：
47-1. 法界包含：虛空聖境、各佛國體系、各天界、陰間、各星系、各靈界。
47-2. 靈界指的是：神獸、魔界、靈山界、陰間、亡靈、動物靈、魑魅魍魎。】

48. 弟子問：請示 師尊，當今修道路上，若無虛空聖境高靈師尊指導，靠自力或人間師指導是否無法證道？
【師尊答：
48-1. 當今修道路上，正法已失傳或失真，一般自力行者若無虛空聖境高靈師尊教導，則不得"如法"之法修道，則難以接收足夠"法能"，所以難以證道。
例如：釋迦牟尼佛當時也是在外靠自力苦修一段時間後，無功返回皇宮，在皇宮旁的菩提樹下因緣際會得虛空聖境"燃燈古佛"的指導後，得以修"如法"之法，終得大成就，成為佛教教主。
48-2. 有些人間師，本身雖沒証道，但他的某些法，恰巧應了某些已修道多世的行者的因緣，則該行者有機緣因修持該法而証道。】

49. 弟子問：請示 師尊，人往生後土葬好還是火
　　　　　 葬好？火葬後骨灰放的地方會影響後
　　　　　 代子孫嗎？

【師尊答：

49-1. 火葬較恰當，讓亡靈不執著屍體，少一
　　　 分執念的地方，靈魂較清淨。

49-2. 骨灰放的位置環境是否影響後代子孫，
　　　 全視亡靈對自身＂骨灰＂的執著深淺；
　　　 對亡靈的執著，我們無法掌握，所以一
　　　 般還是慎選骨灰放置的位置是較好的處
　　　 理方式（靈骨塔離地板第六層（含第六
　　　 層）以上較優）。

49-3. 亡者生肖跟骨灰罈放置方向無關，那是
　　　 民間習俗！】

50. 弟子問：請示 師尊，人往生後，若無後代直
　　　　　 系血親，旁系親屬能幫祂立牌位嗎？
　　　　　 若旁系親屬在國外，甚或連絡不到，
　　　　　 朋友能幫祂立牌位嗎？

【師尊答：

50-1. 旁系血親能幫祂立牌位。

50-2. 若真連絡不到祂的親屬，朋友是可以幫
　　　 祂立牌位的。

50-3. 以上均需如法引亡靈入駐神主牌內，才
　　　 圓滿吉祥。】

51. 弟子問：請示 師尊，民間習俗的七月農曆普
　　　　　 渡，拜的是什麼對象？該準備些什

麼？

【師尊答：

51-1. 拜的是孤魂野鬼，這些孤魂野鬼平時棲
息在較陰暗處，如草木、石頭，破舊無
人住的房子、建物等。

51-2. 拜拜時，它們會成群結隊來吸食供品能
量，普渡最好的供品是：

51-2-1. 點亮的蠟燭、燒金紙、銀紙（提
供孤魂野鬼能量），其中又以
蠟燭最好。

51-2-2. 餅乾、泡麵類乾糧、飲料（供
孤魂野鬼吸氣）。

51-2-3. 水果屬陰冷之物，不適合拜孤
魂野鬼，對祂們沒助益。】

52. 弟子問：請示 師尊，點光明燈的作用？

【師尊答：各種燈的名稱是人間劃分的，在法
界並無分別，在正神宮廟點燈，是
由該廟正神以宇宙虛空的原始能幫
助點燈者增強靈能，使其人生運道
較順遂；這樣的運作不經過玉皇天
的運作僅是該廟聖靈的運作，點燈
是增強靈魂的能量，讓自己的運勢
較順些。】

53. 弟子問：請示 師尊，大眾以為世人的祈求，
應該是上帝或佛菩薩、神明該有的無
償的愛，為何需要償還？若需償還，

該如何償還？

【師尊答：

53-1. 上帝、佛菩薩、神明等無償的愛，指的
是精神靈性層面的財富，如向上帝、佛
菩薩、神明傾吐心事，祈求心靈平靜，
消除煩惱鬱悶…等，屬心靈方面的資
糧，而非實際財富。

53-2. 人來這世上，當世的所有際遇（包括財
物、健康、運勢），都是經法界審核當
事者累世的功過恩怨情仇，總結而訂出
的一生劇本。凡祈求必超出劇本範疇，
雖也經法界允許，就如您向銀行借貸銀
行同意，但您必需償還銀行借貸一樣道
理；否則銀行就扣抵押物，在人間或許
還能討價還價，打折償還，在法界是沒
有討價還價的，且債務還會跟著靈魂投
胎轉世，稱為"業力"。

53-3. 償還是償還法界：修道者可以修得的法
量迴向償還，一般大眾則可以做善事償
還（您做了善事，法界自然知曉）。】

54. 弟子問：請示 師尊，學佛人常說"開口便錯
"的真實義？

【師尊答：

54-1. 法師講經說法，是分享他本身領悟體會
的範疇，但不一定完整，有緣的喜歡聽，
無緣的不會聽，此為各有對應的程度因
緣，好比上學求學問，有小學、中學、

大學、博士班的不同程度，這是說法者
與聽法者的因緣！

54-2. 若法師講經說法，為了吸收信眾，講超
　　　出他本身能知的範圍，這稱"妄語"；
　　　或未開悟說開悟，未得道說得道，這是
　　　在"造業"，是真的"開口便錯"。
　　　此自己造的業，需自己承擔！】

55. 弟子問：請示 師尊，振動頻率概論？
【師尊答：

55-1. 宇宙萬物萬象，無論有形無形都是在不
　　　斷振動的能量，此謂道，因不同的振動
　　　頻率而產生不同的萬物萬象，振動頻率
　　　愈高的成為肉眼看不見的無形意識或生
　　　命；振動頻率低的成為肉眼看得到的有
　　　形物質，如桌子、椅子、人體…等，如
　　　下列所述：

　　　55-1-1. 振動頻率在 0~150 是固體
　　　55-1-2. 振動頻率在 150~200 是半流動
　　　　　　　 體
　　　55-1-3. 振動頻率在 200~250 是液體
　　　55-1-4. 振動頻率在 250~300 是氣體
　　　55-1-5. 振動頻率在 300~450 是電磁
　　　55-1-6. 振動頻率在 450 以上是光、音

55-2. 以活人為例，包括了有形身體的振動頻
　　　率與無形靈性的振動頻率：

　　　55-2-1. 人體的振動頻率以 80~90 指數
　　　　　　　 為最佳狀態；若指數過低，則

偏陰寒體質；若太高則偏陽燥
體質；不同的運動養生方式，
會產生不同的身體振動頻率，
簡述如下：

－如拉筋每個動作定位超過15
秒以上，振動頻率變慢易使身
體變陰寒，陽氣不足，能控制
在10秒內是較合適。

－如打快拳、快跑、跳躍、重
力訓練…等，講求速度、力量
的運動，振動頻率偏高，身體
易受到傷害；所以事前事後需
有柔和的暖身操，作為調和。

－若是有快有慢的綜合運動，
較能保持中和狀態，所以時快
時慢的運動，是較佳的組合運
動。

－所有的運動中，散步是很中
和的運動，身體振動頻率約
85指數，而柔和的太極拳或氣
功操也在標準範圍內。

55-2-2. 靈性的振動頻率，則愈高愈
佳；靈性振動頻率愈高，表示
靈性層次愈高，也就是俗稱的
修道道行愈高的概念；概述如
下：

－一般正常人，靈性振動頻率
指數約70，情緒偏負面的人會

落在 50 以下；較有修養的，約落在 100~150。

－有修道的人或行菩薩道的人則會較高，有機緣達到 300~800 指數左右。

55-3. 師尊以近代幾位高僧名人的修練方式作說明供大家參考：

55-3-1. 德雷莎修女，逝於 1997 年；一生無怨無悔行菩薩道，為世人所敬仰，往生當時，靈性振動頻率高達 670；往生後祂的聖靈在法界繼續以行使菩薩道的方式修練歷經 24 年；至 2021 年祂的靈性振動頻率已提升至 700。

55-3-2. 廣欽老和尚，逝於 1986 年；為近代高僧，禪定功夫感知力甚是了得，為廣大信眾所崇仰；往生當時，靈性振動頻率為 430；往生後，祂的聖靈在法界繼續以唸佛修禪的方式修練歷經 35 年；至 2021 年祂的靈性振動頻率已提升至 490。

55-3-3. 宣化上人，逝於 1995 年；也為近代高僧，一生致力弘揚佛法，提倡護持 " 楞嚴咒 "，以維護正法不滅，往生當時，靈性振動頻率為 440；往生後，祂的聖靈在法界繼續以"持咒修持"的方式修練歷經26年；至2021年祂的靈性振動頻率已提升至680。

55-3-4. 南懷謹老師，逝於2012年；為近代高人學識淵博，以修密法為主，往生當下的靈性振動頻率為610；往生後，祂的聖靈在法界繼續以"修持密法"的方式修練歷經9年；至2021年祂的靈性振動頻率已提升至680。

以上4個例子說明：人在世時，生前的修持方式及行菩薩道的修練模式，往生後，祂的靈識仍會依著生前的修練方式，在法界繼續選擇生前的修練方式修道，而不同的修練方式，靈性振動頻率的提升速度是不同的，這僅供行者參考，因會接觸甚麼方式的修練法門，而願意投入，也是各有因緣；因緣到了，一門深入便是！】

56. 弟子問：請示 師尊，民間傳說－眾生誠心向觀世音菩薩祈求，是千處祈，千處應？是否如此？那這種祈求需要償還嗎？

【師尊答：

56-1. "千處祈、千處應"這是民間傳說，非

觀世音菩薩的願力，但在觀世音菩薩的
慈恩下大多會相應，當然也有不應的，
完全視個人福德而定。

56-2. 譬如，遭遇海難，在生命攸關的非常狀
態，緊急中呼喚觀世音菩薩救苦救難；
若因因緣應了，大難不死！一般人事後
都會作善事來答謝菩薩恩典，這樣的善
舉即是一種償還！

56-3. 若是祈禱菩薩開智慧、解憂愁、求心
靜…等等，屬精神靈性層面的是上帝佛
菩薩們的愛，不必償還。】

57. 弟子問：請示 師尊，靈魂能量與靈魂振動頻
率是否成正比？
【師尊答：沒有成正比。

57-1. 假使靈魂振動頻率一樣，靈魂能量還是
會有高低不同。

57-2. 靈魂振動頻率是表示靈魂能量達某一級
數範圍，但因對 " 空性智慧 " 領悟不同，
所以靈魂能量會在某一範圍內有些高低
不同。

57-3. 假設靈魂振動頻率一樣，但因修持的法
門不同，靈魂能量的特質是不一樣的。

57-4. 假設靈魂振動頻率一樣，但較潔淨靈魂
的磁力大於較濁靈魂的磁力。】

58. 弟子問：請示 師尊，何謂到達 " 彼岸 " ？
【師尊答：到達彼岸，並非究竟；到達彼岸，

只是剛跨過不用輪迴的門檻（淨土天第30天），到了那個聖境，還需不斷精進淨化，始能突破大氣層（虛空聖境的山門）進入虛空聖境！好比去朝聖，過了河（到達彼岸），看見山門（大氣層），還沒開始入山門一般，而入了山門，還得一階一階往上爬，才得以見到菩薩，初入虛空聖境是另一階段的開始，還需不斷精進淨化，始能達究竟之境！】

59. 弟子問：請示 師尊，對器官捐獻事件問題的詮釋？

【師尊答：

59-1. 擬捐獻器官者，若沒有真放下他對擬捐獻器官的執念，則祂的執念將依附在祂所捐獻的器官上；而接受該器官捐贈的人，會產生另一種脾性喜好，此即該捐獻者生前的脾性喜好，－因捐獻者亡靈意識連線該器官的緣故！

59-2. 若擬捐獻器官的當事者，真能看得開，放得下，對該擬捐獻的器官沒有任何執著依戀，那就沒有亡靈意識連線的問題。

59-3. 不論擬捐獻器官者是否有執念，被捐贈者，為延續生命，就不必考慮捐獻者有無執念，只要心存感恩便是！】

60. 弟子問：請示 師尊，有些老人常會唸一些我
　　　　　們不知其所云的話，這是什麼現象？
【師尊答：
60-1. 某些老年人，因六識感官退化，靈魂會
　　　部分覺醒並記起前世的片段，所講的話
　　　是前世的事，所以本世親人會不知其所
　　　云。
60-2. 有一實例：某老婦人Ｌ，常會以憎恨的
　　　表情唸她孫子Ａ，說Ａ是壞人常打她，
　　　但實際上並沒有這事件；後經師尊查前
　　　世因果，才知曉Ｌ前世是隻動物，Ａ當
　　　世看到這隻動物，常會調皮的打它；而
　　　Ｌ就將這被Ａ打的怨恨記憶在靈魂裡，
　　　隨著輪迴轉世；在某時間喚醒靈魂記憶
　　　而說出來！
60-3. 所以某些老年人的莫明雜念，有些人是
　　　身心退化的雜雜唸，有些人是退化兼喚
　　　醒前世的片段記憶，所以不能一概而
　　　論。】

61. 弟子問：請示 師尊，職業是養殖業，如養雞、
　　　　　鴨、豬、牛等販售給人屠宰食用，是
　　　　　否會背業力？屠宰業是否要背業力？
【師尊答：
61-1. 養殖業雖自己沒殺，是賣給別人屠宰，
　　　自己需背少部分的業，身體會多病痛。
61-2. 販售業當場宰殺雞、鴨、魚等禽類、魚
　　　類要背業，當場指定哪幾隻後宰殺買下

的人也要背業。

61-3. 若是宰豬殺牛的屠宰業，背負的殺業更重。

61-4. 若單純販售別人屠宰好的肉品，則不需背業。

61-5. 若是買活海鮮回家煮食，也需承擔業力（註：有化解方便法）。

註：若是不得不買活海鮮回家煮食；下鍋前唸＂大悲心咒＂9遍，下鍋後唸＂心經短咒＂9遍。

大悲心咒：嗡 哇佳 RA 他了嘛 喝利

心經短咒：揭 諦 揭 諦，波 羅 揭 諦，波羅僧揭諦，菩提薩婆訶。】

62. 弟子問：請示 師尊，請師尊開示對放生行為的疑惑？

【師尊答：

62-1. 在路邊市面買生物放生，若是放到適合該生物生存的環境中，這樣是如法的行為，也有功德；對參與放生者的健康有助益！

62-2. 若是放到不適合該生物生存的環境，甚而違反破壞自然環境，則反成損陰德，如此放生需慎思！

62-3. 上述兩種情形，有些參與者當下會有靈異感應，要放掉不要迷惑，那是他界靈的干擾。

62-4. 放生的真實義：是不論人或生物，不要將他們逼上絕路，留他們一條活路，這

是真放生。】

63. 弟子問：請示 師尊，邪靈附身的概念？
【師尊答：
63-1. 累世的冤親債主附身，稱為亡靈附身，
      這種狀況，可自身修道，以修得的法量
      償還，或有因緣請到道之士施法，拔度
      該亡靈。
63-2. 若是本世不小心冒犯法界，導致外靈附
      身這稱邪靈附身或稱卡陰或卡靈，若自
      身修如法之道，亦可自行拔度，或也可
      請有道之士拔度。】

64. 弟子問：請示 師尊，台灣真有魔神仔的存在
            嗎？它是什麼樣的生物？
【師尊答：
64-1. 魔神仔確實存在，他是一種半人半神的
      生靈，居住在森林裡，身體呈綠色瘦
      型，約150公分高，以昆蟲鳥獸為食，
      壽命約150年，分佈台灣各山區，以中
      台灣山區最多，約40個，北台灣山區
      約12個，南台灣山區約20個，全台總
      計約72個。
64-2. 魔神仔具幻術，跟祂們有特殊因緣才會
      碰上，祂是由亡靈的本靈與樹木的覺識
      因緣際會合化而成。】

65. 弟子問：請示 師尊，因戰爭殺死敵方陣營的

人，是否會背負因果？

【師尊答：

65-1. 會背負因果。

65-2. 不管被殺的人是否有看到使用武器的
　　　人，該使用武器的人都得背負殺人因
　　　果；被殺的人當下致命部位的記憶在時
　　　機成熟時會反應到殺人者身上，例如戰
　　　爭時開槍打到對方頭部而導致對方死
　　　亡，不管輪迴幾世在因緣成熟時，當時
　　　開槍者，頭部會產生病痛，這是法界的
　　　因果定律！】

66. 弟子問：請示 師尊，同修在介紹先天真道與
　　　　　　人結緣時，會感覺頭部或身體熱麻，
　　　　　　這是什麼情形？認真聽介紹先天真
　　　　　　道的人，會有熱麻及背脊發涼，這是
　　　　　　什麼情況？

【師尊答：

66-1. 同修在介紹先天真道原理與人結緣時，
　　　先天真道法流會進入該同修身體，所以
　　　會有熱麻的覺受，如同做功課一般。

66-2. 聽眾會有熱麻感，是因認真聽介紹，先
　　　天真道法流進入他的體內，同時法流會
　　　拔度消散聽者部分負面磁場，所以會
　　　有涼意從背脊散發出來的感覺，是好
　　　事。】

67. 弟子問：請示 師尊，修道的真隨及大致方式？

【師尊答：修道的真隨，在淨化消散靈魂的業
　　　　　力業障，以期能到潔淨的程度，分
　　　　　兩方面，概述如下：

67-1. 直承虛空聖境師尊指導的經咒功課，接
　　　收法量，產生熱能真火償還洗淨無明
　　　（業力業障），消散因無明牽引的妄想
　　　虛幻境，以期達遇境不妄想，不迷惑，
　　　不顛倒；同時提升靈魂能量。
　　　－ 經咒功課對淨化本靈作用佔 70%，對
　　　清淨六識覺魂作用佔 30%。

67-2. 禪修（只管持咒，持至熱能升起，放空
　　　任其運作），不求 " 一念不起 "，不求 "
　　　入定 "，而是藉持咒接收法量，產生熱
　　　能真火，熔化六識覺魂的受想行識；再
　　　加上用心在日常生活中調整消散貪嗔癡
　　　慢疑，朝遇境心不動搖的真定前進。
　　　－ 禪修對淨化本靈作用佔 30%，對清淨
　　　六識覺魂作用佔 70%。

67-3. 若能如實作以上功課，則成道有望！】

68. 弟子問：請示 師尊，整形後容貌變漂亮了，
　　　　　命運是否會跟著變好？

【師尊答：整形後，外觀改善了，能有重新創
　　　　　造因緣的機會，但創造新因緣的吉
　　　　　凶，就得視當事者在整形後，心態
　　　　　是否往正向去調整，是否能多行善
　　　　　事，若是，則命運會往好的方向改
　　　　　善；若不是，則只是外觀變漂亮，

對本命沒任何影響。】

69. 弟子問：請示 師尊，民間認乾兒子，有不同
　　　　　的禮儀，是否有不同的作用？
　　【師尊答：民間各種禮儀習俗，是當時當地人
　　　　　想出來的一種善巧方便。
　　　　　如同私下協議，不具任何無形力量，
　　　　　因沒有血緣關係，無論以任何形式
　　　　　協議，實際上只是類似長輩、晚輩
　　　　　的老少朋友關係！】

70. 弟子問：請示 師尊，特別挑選吉日剖腹生產，
　　　　　是否會改變該小孩的命運？
　　【師尊答：挑選日子剖腹生產，並不會改變該
　　　　　小孩原本的命運，因受孕當下已決
　　　　　定了小孩的命運，若再往前推，靈
　　　　　識擬來投胎時，已選好了人生劇
　　　　　本，擬投胎前已安排好一生命運，
　　　　　所以後天的挑選日子，看似人為操
　　　　　縱，事實上是自身已選好的，然法
　　　　　界慈悲，又另闢了可改變命運的方
　　　　　法：修養心性、惜福、行善、積德
　　　　　或修習正法，有機緣可調整改變原
　　　　　本的因緣。】

71. 弟子問：請示 師尊，某些父母買豪車給子女
　　　　　用會有何影響？
　　【師尊答：

71-1. 若父母親經濟條件不錯，子女也有正常謀生的工作，因工作需求，需要車子作為代步交通工具；但子女買不起車子，父母親出錢買符合子女經濟條件的車種當必要交通工具（非享受），使用車子的一切開銷，子女自行承擔，這樣是合理的。

71-2. 但若買超過子女經濟條件無法負擔的車種，且由父母親幫子女養車，則將會減損子女的福份，也易帶來禍端，此為＂損福行為＂。

71-3. 若是豪門買豪車給遊手好閒的子女享受，禍害更大，此為＂德不配位＂之故。

71-4. 若是父母親買符合自己經濟條件的車種，主要是家庭用，偶爾給子女需要時開，子女也會幫忙貼些油錢，則在合理範圍。

71-5. 以上都需具備符合當地的合法駕照。】

72. 弟子問：請示 師尊，大眾常自己出錢，但以父母親的名義，或子女的名義，去做善事，贊助弱勢族群，這樣他的父母親或子女是否有功德？

【師尊答：

72-1. 如此想法雖出自一片孝心及疼愛子女，但實際上，父母親或子女並未發心出錢做善事，所以並無功德！

72-2. 但若把錢給父母親或子女，由父母親或子女出面去做善事，則有功德，因把錢給父母親或子女，那個錢就屬於父母親或子女的，再由他們將錢拿出來作善事，這樣有實際的行動，所以有功德。

72-3. 有些父母親已年邁或子女還小，無法親自做上述行為，我們只要自身行善，對他們也是有好的影響，因以自身為中心，對上影響二代，對下影響二代，只要自己行善，對自己長輩、晚輩都有正面的影響。】

73. 弟子問：請示 師尊，俗話說：命愈算愈薄，真有其事嗎？來賓請示問題，要先結緣是何原由？

【師尊答：天律講求平衡，若有人擬藉算命卜掛或問神等玄學，來探知未來之事，以祈能趨吉避凶，免走彎路。則該人需要付出福德能量，直到該人付費福德能量才停止流失，同時算命風水師或神職人員也一樣會損耗福德能量，所以福德能量損耗愈多，命就愈薄，而幫人算命看風水或代為問神的人員，也因福德能量的損耗會發生諸多不好事情。

但若先付費結緣，則上述情形不會發生，為避免雙方不必要的福德能量損耗。故要請來賓先結緣再請示，如同上醫院看病，先掛號付費

再看診一樣，此舉在創造雙贏，不
要製造雙輸。】

74. 弟子問：請示 師尊，人生的各種際遇、疾病
　　　　　是何因由？修持先天真道對人生有何
　　　　　助益？
【師尊答：
74-1. 這一生的各種際遇或疾病是由累世以來
　　　的業力業障功過總結的結果，形成這一
　　　世的種種際遇，所以這一世的一切際遇
　　　都是由自己累世的作為思想造成的。
74-2. 先天真道的同修，如常修持師尊給予的
　　　功課，拔度業力業障，待業力業障消散
　　　後，身體會較健康，人生也較平安平
　　　順。
74-3. 修道達一定標準，可調整原本的人生命
　　　運，提升生命層次。】

75. 弟子問：請示 師尊，世人聰明，才智不一是
　　　　　何原因造成？
【師尊答：和本靈有關；本靈裡儲存著個人累
　　　　　世處理事情的經驗值，因經驗值不
　　　　　同，所以每個人對萬事萬物的處理
　　　　　方式反應不一，顯現出人世間的聰
　　　　　明，才智也不一樣；但可透過後天
　　　　　的努力，參閱各類成功者的經驗書
　　　　　籍，藉成功者的經驗智慧，加強增
　　　　　長自己人間的聰明才智。】

76. 弟子問：請示 師尊，若世人聰明才智不一，
但若都修到同一層天，智慧會一樣
嗎？

【師尊答：若都能修到同一層天，靈魂的總能
量基本一樣，但如來識能量不一
（對空性智慧的領悟度不同），及
主靈能量不一，祂們的智慧（非人
間智慧）還是有別，也就說會有不
同的特質特性。

也就是說，神佛也有不同的特性特
質的！】

77. 弟子問：請示 師尊，買賣房子的運勢和房子
登記在誰名下是否有關？影響一個人
運勢的本命風水、衣服顏色，各佔多
少比例？

【師尊答：
影響一個人的運勢－
77-1. 本身的人生劇本佔 100%。
77-2. 實際居住房子的風水可調整 22%，若有
入籍他房則從 22% 裡佔去 3%（有行善或
修道，才有機緣住到比原劇本更好風水
的房子）。
77-3. 衣服的顏色可微調 5%。】

78. 弟子問：請示 師尊，年輕男女交往消費太過
是否會影響福德？

【師尊答：

78-1. 男女交往談戀愛，若是在兩人經濟範圍內適度的消費，這樣是合理的，若太過奢侈，此為不知惜福，會損福德。

78-2. 若是超越兩人的經濟條件，還向父母親另外要錢來滿足兩人談戀愛的物質消費，將減損兩人的福份，父母親未教導正確觀念也會損福德！】

79. 弟子問：請示 師尊，人生道上諸多不順，諸多難以治療的病痛，該如何改善？

【師尊答：人生的一切際遇（健康、財富、運勢…），皆源自靈魂裡業力業障的牽引，要從淨化靈魂消散業力業障及自身能力所及的行善開始，才有機緣改善！而淨化靈魂消散業力業障更是主要方式！】

80. 弟子問：請示 師尊，當我們起情緒時，有同修會看到起情緒的同修靈魂有黑氣產生，請師尊明示其原由？

【師尊答：當起情緒時，靈魂會產生黑氣（負面能量）；情緒輕時，只是一層薄薄的黑霧漂過；情緒重時，則整個靈魂會被籠罩在黑氣團裡，直到情緒平復，黑氣才消散。
但若常常起大情緒，則黑氣將深入靈魂，汙濁靈體！若靈魂被汙濁，則易有身體的病痛或運勢多不順！

所以要常控制情緒於平穩狀態！】

81. 弟子問：請示 師尊，起心動念是從哪裡產生
　　　　　的？

　　【師尊答：需先明瞭 靈魂＝本靈（自性）＋六
　　　　　識覺魂（眼耳鼻舌身意）起心動念
　　　　　即是從六識覺魂裡的＂意＂產生，
　　　　　而六識覺魂又會被儲存在本靈裡的
　　　　　訊息牽引。
　　　　　本靈原本是潔淨的，祂是儲存六識
　　　　　覺魂接收外來訊息的一個倉庫；但
　　　　　本靈也是提供六識覺魂起作用的能
　　　　　量來源，互有關係！若六識覺魂不
　　　　　接收外來訊息，則本靈不會有訊息
　　　　　存入；反過來說，本靈若愈潔淨，
　　　　　則六識覺魂也愈不喜接收外來訊
　　　　　息！所以管制六識覺魂接收外來訊
　　　　　息與淨空本靈裡的訊息是必要同時
　　　　　進行的重要修練功課！】

82. 弟子問：請示 師尊，群生的習性、情緒該以
　　　　　何方法調伏？

　　【師尊答：
　　82-1. 若能如常作功課，累積一定的法流量，
　　　　　法流量愈多，心性愈穩定，愈不易被外
　　　　　環境影響干擾！
　　82-2. 除了如常作功課以外，若能持咒禪修，
　　　　　藉持咒禪修產生的法流洗濯靈體清淨六

識，則較能根本消散調整的習性、情
緒！

82-3. 另外，若情緒起時，需自我內省找出情
　　　緒起源，並以意志力調伏它！】

83. 弟子問：請示 師尊，一般人禪坐時，結 " 定
　　　　　　印 "（雙手掌相疊）的作用？

　【師尊答：禪坐時，結定印於小腹，最原始的
　　　　　　目的是給出家僧尼用來調降情慾用
　　　　　　的，因結定印於小腹，會阻礙任脈
　　　　　　的運行，男性易造成性功能障礙，
　　　　　　女性易造成性冷感，這是從破壞生
　　　　　　理層面來防止某些行為的發生，這
　　　　　　是修行欉林採取的特殊手法是不完
　　　　　　整的法，當從心裡層面調整才是根
　　　　　　本！
　　　　　　但後人不知，無論出家，在家都依
　　　　　　樣沿用，難免造成一些傷害，尤其
　　　　　　在家居士，不宜結定印禪坐，較適
　　　　　　合兩手分置雙腿上的方式禪坐，以
　　　　　　免造成另類疾病。】

84. 弟子問：請示 師尊，金剛經上說：「若以色
　　　　　　見我，以音聲求我，是人行邪道不能
　　　　　　見如來」，如何解義？

　【師尊答：如來是真心本質，無形無相，是一
　　　　　　具有大智慧的能量，能應因緣起萬
　　　　　　千妙用，為肉眼所不能見，為有慾

望不潔的聲音所不能呼喚，所有的
不淨，都無以見如來！
當行者靈魂淨化至潔淨的境界，同
時靈魂能量達一定程度，行者是如
來，如來是行者，此即謂見如來！】

85. 弟子問：請示 師尊，整理環境消滅蟲害，如
　　　　消滅蚊子、螞蟻、蒼蠅、蟑螂、昆蟲…
　　　　等屬正常行為嗎？有何圓滿之法？

【師尊答：

85-1. 整理環境必要時，得以消滅蟲害，是正
　　　常行為。

85-2. 消滅蟲害後唸如下方便法，求得圓滿吉
　　　祥：

　　85-2-1. 南無觀世音菩薩 16 遍

　　85-2-2. 六字大明咒 16 遍
　　　　　　嗡 嘛呢 唄美 吽

　　85-2-3. 百字明短咒 16 遍
　　　　　　嗡 班雜 薩埵 啊 吽 呸

　　85-2-4. 迴向文 1 遍
　　　　　　祈請 南無觀世音菩薩做主
　　　　　　願以此功德
　　　　　　迴向給被消滅的 _____
　　　　　　（唸被消滅的蟲子名稱，例如：
　　　　　　蚊子、螞蟻、蒼蠅…等，）
　　　　　　業力消散 平安喜樂
　　　　　　一切圓滿吉祥

　　85-2-5. 南無觀世音菩薩 16 遍。】

86. 弟子問：請示 師尊，有裝潢業同修問，改建
　　　　　　舊屋，擬填平既有 " 古井 "，該如何
　　　　　　處理始得圓滿吉祥？
　　【師尊答：擬填平 " 古井 " 前，在井邊唸誦 "
　　　　　　妙見菩薩心咒 " 15 遍，再動工填
　　　　　　平即得圓滿吉祥。
　　　　　　妙見菩薩心咒：
　　　　　　唵 蘇的ｒ－利司達 司哇哈。】

87. 弟子問：請示 師尊，鋸樹或挖樹（種地上的）
　　　　　　時，需以何方便法始得圓滿吉祥？
　　【師尊答：鋸樹或挖樹前，對著該樹，唸
　　　　　　" 六字大明咒 " 9 遍，再動工，即
　　　　　　得圓滿吉祥。
　　　　　　六字大明咒：唵 嘛呢 唄美 吽。】

88. 弟子問：請示 師尊，燒好香，有保庇的真義？
　　【師尊答：
　　88-1. 燒好香是指：上香時，心無雜念，無任
　　　　　　何祈求，以潔淨心供敬神佛。
　　88-2. 在實務上，香盡量選化學成份少的香，
　　　　　　線徑細的香，以減少環境汙染及影響健
　　　　　　康。
　　88-3. 若能去除點香習慣，無論是禮拜神佛，
　　　　　　或是祭祀祖先，只要點亮蠟燭（小號的
　　　　　　就好），雙手合十禮拜即圓滿吉祥。】

89. 弟子問：請示 師尊，開示 " 明心見性 " ？

【師尊答：明心見性，方便說如下：

89-1. 心是六識，性是本靈，又稱自性。

外在環境是讓心起作用（六識覺受）的外來因素，而性（本靈）是心起作用的能量源，本靈的能量是法流（宇宙能量）；六識的覺受作用是在消耗法流轉化成的肉身先天炁（腎氣），間接也在消耗本靈的能量，所以六識作用太多，也就在消耗本靈及肉身的能量！

89-2. 心（六識）的覺受，是本靈與外環境相對而幻起的一種感覺，好比被針刺到感覺痛，針刺是塵是外環境，感覺痛是六識起的作用，但痛只是一種覺受，不是具體的東西，而會讓六識感覺痛是本靈起的作用，好比活人會痛，但往生24小時後的死人不會痛，因本靈已脫離肉身，這種痛的覺受會存在六識、本靈及肉身裡，稱為業的記憶，因本靈是實相界記憶體，肉身是虛幻界記憶體。

89-3. 理解了六識起的作用，只是一種覺受，不是具體的東西，而起作用的能量是本靈提供的，這稱為明心。

而見性，是必要經過以如法之法不斷淨化靈魂（清償消散業力業障）的修練，使本靈恢復到原始潔淨的境界，稱之見性（自性本自清淨，自性本自具足，只是蒙塵需去塵垢），所以 " 明心易　見性難 " 。

禪宗六祖慧能說：本來無一物，何處惹
塵埃！

這是洞悉生命本質的開悟，也是證得的
實在境，但還未證道（因業力業障未完
全償清），原靈子（生命本質）原是潔
淨無染的，當起念下凡的那一霎那起
（無始劫的起始），原靈子才開始有物
有塵埃（開始造諸業），難以計數的靈
體遂在生死輪迴裡浮沉；雖有諸多法
門，卻少有行者能回返潔淨的原靈子狀
態（心經上稱舍利子），何以故？

因無足量的法流（宇宙原始能，老子稱
之為道），無法完全清償業力業障，去
除塵垢！

好比人在台灣，明白美國拉斯維加斯好
玩；但因缺乏經費無法直接去到當地體
驗，只到了日本遊玩。就如修道，了悟
本質是潔淨無染的，卻因沒有足夠的法
流無法淨化到完全潔淨的究竟真實境界
一樣的道理！也就是理到境界未達！

雖眾多行者言－放下、放下，但少數
真能放下的，一面達到六識（心）當下
甚或往後，不再受外環境干擾影響；
一面清償了部份的累世業力業障，但無
力清償累世的全部業力業障，因法流不
足，無法達到完全潔淨（究竟），這是
行者必須要坦然面對的問題；不是行者
毅力不夠，或是落入前人的經驗障礙

（多是洞悉生命本質的理論禪語，而非究竟的真實境界），或陷於無因緣接觸如法之法的問題。若無如法之法（藉法），就無法接收到宇宙原始能（真法），修行修道就很難突破！】

90. 弟子問：請示 師尊，何謂"一念不生"？
【師尊答：一念不生－一念不生，並不是一個念頭都沒有，而是應因緣才起念，若都無念！則如枯木頑石，不起任何作用，起念後要有行動才有作用，若無因緣而起念，是為妄念，應因緣起念而動，才能成就世上的一切事務，此謂人事不能廢！
※ 但起念後，要盡人事去企劃去執行，過程或完事後要無所住，也就是說，工作時，心念雖在動，但不著相（沒有想著自己努力在做事），事情結束後要心無所住（沒有想自己很有功勞），雖自己在做正事，但好像自己看別人在做正事一樣，做過之後，就像沒做過一般，好比鳥飛越天空，但不留痕跡。】

91. 弟子問：請示 師尊，慈悲的真實義？
【師尊答：慈悲－
91-1. 一般普傳對慈悲的詮釋，慈是把快樂帶給眾生，悲是去除眾生的痛苦。

91-2. 真實義的慈悲

91-2-1. 慈：茲心是當下無念頭。
悲：非心，不是一般妄心，是應因緣才起念的心。
慈悲二字合起來，是應因緣才起念而行動，但求盡力，結果不一定圓滿，靈識無念，不善不惡（業力業障已清償），不稱慈悲，而是應因緣而運作。

91-2-2. 一般普傳的慈悲，是人的妄念創造出來的心境，人常希望從別人或上天處獲取無償的利益，這種心態是一種貪念；反過來說，有些人期許自己成為一般人口中慈悲的人，這是不明因果的造業，會造成彼此互欠不平衡，形成一種業力業障，這是一種妄念，一種痴念！

91-2-3. 修道本在清償累世的恩怨情仇債務，淨化靈魂；若再製造債務，變成再次造業，反而背離修道的原意！
舉實例子：
若有人來請示問題，但未發心結緣，則會耗損該人本身的福德（因捨不得），而幫他請示問題的師兄、師姐也同樣耗損福德，但若擬請示問題的人，先發心結緣，再請示，則雙方都不會耗損，好比到醫院看病，先掛號繳費一般，此是法界實際運作現象，修道者及群生必需明白：天律運作在於平衡，要創造雙贏，不要製造雙輸。】

92. 弟子問：請示 師尊，"舍利子"是什麼？
【師尊答：舍利子有兩種詮釋

92-1. 高僧大德往生，經火化後，會產生一些燒不化的結晶體，稱舍利子。
此種舍利子，是該行者，長期止於一念的修行方法，法流滯留身體某部位而成的結晶物，是一種修行層次的示現：
此種舍利子連結該行者的清淨識，具有能量，會生長或變多，是一種儲存空間，會被靈體入駐。將念頭放在肉身某部位長期修行，會形成舍利子，若無念修行，則不會形成舍利子。

92-2. 另一種舍利子，是指靈魂未被汙染前的原始潔淨樣，如般若心經上的：舍利子，色不異空，空不異色…此舍利子指的就是未被汙染前的靈魂潔淨的原樣！】

93. 弟子問：請示 師尊，人往生後，靈魂從何處脫離肉身？

【師尊答：人往生後，靈魂循法中脈，從頭頂
　　　　　百會穴脫離肉身！】

94. 弟子問：請示 師尊，修道者與一般人，往生
　　　　　時，靈魂都從百會脫離肉身，那兩者
　　　　　靈魂去的空間不同嗎？
　　【師尊答：雖然靈魂脫離肉身的路徑一致，但
　　　　　靈魂去的空間不同，或去陰間或去
　　　　　淨土天或去虛空聖境或去他界空
　　　　　間，全視靈體的淨化程度及接收何
　　　　　種法流能量而定！】

95. 弟子問：請示 師尊，瀕死經驗是什麼情形？
　　【師尊答：舉例說明一人在全身麻醉情況下，
　　　　　肉身極度放鬆，六識覺魂會從身前
　　　　　脫離肉身（不經法中脈），飄浮空
　　　　　中，能看見自己的肉身及週遭情
　　　　　形，這時本靈尚在肉身裡，與飄浮
　　　　　的六識覺魂連線，這是瀕死經驗的
　　　　　一種。
　　　　　另一種是本靈從法中脈脫離，會看
　　　　　到很亮的天界景象，甚或與聖靈接
　　　　　觸，但六識覺魂尚在肉身裡與本靈
　　　　　連線！此時尚活著；若不連線，就
　　　　　代表已死亡！】

96. 弟子問：請示 師尊，深度禪定中，靈魂出竅
　　　　　是什麼情況？

【師尊答：行者在深度禪定狀態，六識魂會成
　　　　　一人形狀的魂魄，由身前脫離肉身
　　　　　（不經法中脈），漫遊人界物質虛
　　　　　空，但無法進入法界空間，這時本
　　　　　靈仍在肉身裡與該人形魂魄連線，
　　　　　該人形魂魄可適時返回肉身。
　　　　　能修到如此境界，具有一定的磁場
　　　　　能量，一般靈體會閃開不靠近！
　　　　　除非有特殊因緣的靈體才會來干
　　　　　擾，此時需趕快迴避才不會發生危
　　　　　險！】

97. 弟子問：請示 師尊，民間習俗－家有喪事，
　　　　　一年內不便參加別人的婚喪喜慶，是
　　　　　否正確？

【師尊答：

97-1. 一般人家有喪事，一年內不可參加別人
　　　　的婚禮、喜慶…等，怕把喪家穢氣帶給
　　　　別人，因喪家穢氣會持續約一年才消
　　　　散！

97-2. 但可參加別人的喪事。

97-3. 先天真道同修若逢家有喪事，在處理完
　　　　喪事，穢氣即消散－因做功課的關
　　　　係！】

98. 弟子問：請示 師尊，民間習俗，人往生後，
　　　　　需一年時間（俗稱對年），始能將該
　　　　　亡靈歸入祖先牌位，此習俗是否正

確？那先天真道同修的家屬呢？

【師尊答：

98-1. 一般人確是要等一年待穢氣消散，始能歸入祖先牌位。

98-2. 若是先天真道同修的家屬往生，因有做＂拔度亡靈＂的儀式，所以在火葬入塔或土葬完成後，即可歸入祖先牌位，不必等對年。

98-3. 假使一般人，有因緣請先天真道同修，對該亡靈做＂拔度亡靈＂儀式，也一樣在火葬入塔或土葬完成後，即可歸入祖先牌位，不必等對年。】

99. 弟子問：請示 師尊，禪宗行者請示 師尊有關禪門的真法要？

【師尊答：禪宗法門，世間流派甚多，就其內在精隨來說，分兩個層面概說：

99-1. 調心（六識覺魂）階段：即是觀內在之音；此音指內在心境的情緒起伏變化！行者向內關照情緒起伏的源頭，調伏消散它，使心境常保平靜狀態；一切六識的覺受，不是具體的東西，手抓不到，肉眼看不見，只是一種感覺，若能知曉週遭的一切，但情緒不起伏跌盪，即調心火候到位。

99-2. 淨化本靈階段：心若能靜寂到一定程度，不受一切外界干擾影響，火侯到了，則會從靈魂深處產生梵聲，該梵聲是各原靈子於無始劫前的音頻振盪頻率，若能生起梵聲，始能接收到佛國的法流，能接收到法流，始能清償業力業障；業力業障清償才能到達自性圓明的境界！

99-3. 目前諸多禪宗行者，執念於本來什麼都沒有，不假修行！
若真已經是本來無一物的原始樣，不會再輪迴！
"本來無一物"指的是恢復原貌時的狀態，非目前的狀態。

99-4. 以上過程，是所有修行法門必經的過程，只是因緣各異方式各有不同－以禪宗為例有漸悟、頓悟之說，實際上所謂的頓悟，也是火侯到一定程度的現象，從零到一定火侯也是一種漸進式，人為的區別漸或頓，只是行者心的不明與執念，實際都是漸進式的淨化，最終就是要恢復原本的潔淨圓明！】

100. 弟子問：請示 師尊，六道輪迴是哪六道？
【師尊答：
100-1. 世傳六道為：天、人、阿修羅、畜生、餓鬼、地獄。
100-2. 實際的六道是：聖靈、神仙、陰間亡靈、人、畜生、地獄亡靈。
100-2-1. 聖靈（淨土天 7 天~30 天的神明，或他界聖靈）。
100-2-2. 神仙（淨土天 7 天~20 天

的煉丹者或動物仙或人修成
的神仙）。

100-2-3. 陰間亡靈
（0度空間~6天）。

100-2-4. 人。

100-2-5. 畜生。

100-2-6. 地獄亡靈（-1天~-8天的
極冷陰間，細分為18
層）。】

101. 弟子問：請示 師尊，"定"的真義？
【師尊答：

101-1. 無論行住坐臥，隨時隨地六識覺魂，
清楚知曉外界的一切狀況資訊，但不
受外界一切狀況資訊影響干擾引動情
緒起伏，維持"平靜心"，即是"定
"！

101-2. "定"的功夫有一定火侯，業力業障
就不能牽動個人情緒，個人情緒若常
有起伏，要自省檢討自身"定"的功
夫不夠，不可推到個人業力　業障或
外環境或別人身上！】

102. 弟子問：請示 師尊，何謂法身、報身、化身？
【師尊答：

102-1. 法身－自性本體，又稱靈識，或稱
有智慧的能量團。

102-2. 報身－法身能變化各種形象（肉眼

不能見）與有緣眾生結緣，眾生因因緣各異，所見神佛來自不同天界，報身形象也各異且會變化，所以不要執著報身形象，才不會迷惑。

102-3. 化身 – 靈魂投生為有肉身的形體，是人肉眼所能見的具體生物（含人類）！】

103. 弟子問：請示 師尊，肉身與色身是否不同？
【師尊答：肉身與色身，名稱差異，實際亦不同 –

103-1. 肉身：從外到內，包含皮毛、骨架筋肉、五臟六腑…等，屬物理性結構。

103-2. 色身：除上述物理性結構外，更涵蓋了內分泌機制、酵素運作機制，呼吸機制…等的功能性運作。】

104. 弟子問：請示 師尊，請 師尊指導捏指養生法？
【師尊答：

104-1. 捏各指功能概論：

104-1-1. 拇指 – 改善肝膽機能、痰飲、氣管炎、咳嗽、咽喉痛、流鼻水、寒氣、腳抽筋…等症狀。

104-1-2. 食指 – 改善肺臟功能、皮膚過敏、性功能障礙、胃口不佳、便祕、打噴嚏、流鼻水…等症狀。

104-1-3. 中指 - 改善胸悶、心臟區不舒服、心血管疾病、濕氣重…等，也可以排除體內廢物達瘦身、容光煥發效果。

104-1-4. 無名指 - 疏通全身氣脈、消除疲勞、改善脾胃功能、視力模糊、緩解腹脹、拉肚子、消化不良、躁動症、自閉症…等。

104-1-5. 小指 - 改善泌尿問題、攝護腺問題、腎臟功能、可排除體內濕氣、調節高低血壓、緩解頭痛、頭脹、頭昏、失眠、頸椎病、肩周炎、性冷感、腰痛、坐骨神經痛、肚子痛、發燒、預防腫瘤…等問題。

104-2. 操作：

104-2-1. 同時捏壓指甲兩側，刺激末梢神經系統，達到養生效果。

104-2-2. 先用左手捏右手指，再用右手捏左手手指，若是平時養生捏壓的順序：無名指 ->小指 ->食指 ->拇

指 -＞中指，每個指頭捏
放 2 分鐘。

104-2-3. 若是針對特別症狀，可直
接捏壓該手指指甲兩側，
每個指頭捏放 5 分鐘。

104-2-4. 不管呼吸，採捏放的模式
進行，捏放時間隨各人舒
服調整。】

105. 弟子問：請示 師尊，民間常說的五福臨門的
五福是指什麼？

【師尊答：一般的五福指的是長壽、富貴、
康寧、好德、善終，概述如下：

105-1. 長壽：健康無疾壽命長（102 歲以上
才算）；若臥病在床，活很久不算。

105-2. 富貴：高智慧受人尊重是真富貴，有
錢無智慧不在列。

105-3. 康寧：一生平安平順。

105-4. 好德：單純的樂善好施。

105-5. 善終：平和的無疾而終，不論年齡。

105-6. 要能有五福，60% 是累世的功德，40%
是本世的功德。】

106. 弟子問：請示 師尊，民間傳說，人將往生前，
會有已往生的親人來迎接是真的
嗎？

【師尊答：

106-1. 90 歲以上的一般長者，將往生前，

確有已往生的親屬亡靈聚集住家，準備迎接該將往生者，較敏感的人會感受異常的氣場！

106-2. 若是行者則不限年齡，若他的靈魂已淨化到虛空聖境的層次，將往生前，除了已往生的親屬亡靈會來迎接外，也會有虛空聖境的賢聖靈來迎接，但若淨化到淨土天，則有比祂低層天的淨土天聖靈及已往生的親屬亡靈來迎接。】

107. 弟子問：請示 師尊，幫子女唸"天地咒"是否如法？

【師尊答：

107-1. 若是為了解決彼此之間因累世的恩怨，造成本世的不和諧，針對個案，請示 師尊後，請法處理是如法的！

107-2. 若是平時幫子女唸"天地咒"，則有以下幾種情況：

107-2-1. 幫未成年子女唸"天地咒"是如法有效的。

107-2-2. 幫雖已成年，但因有某些障礙不能自主的子女唸"天地咒"是如法有效的。

107-2-3. 幫已成年且能自主的子女唸"天地咒"，不但無效反而會損傷子女的福德，也損傷自身福德。

107-2-4. 以上 3 種情況，都會耗損唸者自身的能量，一定要做功課補回消耗的能量，一天最好做 2 回功課，若沒時間做 2 回功課，一天至少做 1 回功課，平時多唸 " 大悲心咒 " 補回能量。】

108. 弟子問：請示 師尊，中老年人，吃東西常嗆到，有何運動可以改善？若已嗆到，吃什麼藥可治療？

【師尊答：

108-1. 作舌頭操可改善吃東西常嗆到的問題，同時可預防老人癡呆：

108-1-1. 操作方法：舌頭前伸，作左右擺動運動，一左一右算一回，每天作 36 回。

108-1-2. 操作時間：起床後，未刷牙前做最佳！

108-2. 若已嗆傷，以下科學中藥方可參考：

108-2-1. 血府逐瘀湯 2g+ 複方丹參片 1g+ 柴胡疏肝湯 1g。

108-2-2. 以上每天睡前吃一次，除了治嗆傷亦可幫助睡眠。】

109. 弟子問：請示 師尊，父母親出錢幫子女過生日的行為是否恰當？

【師尊答：

109-1. 父母親出錢幫未成年子女或已成年但不能自主的子女（有某些障礙），過生日（僅家裡人員聚餐）是溫馨活動，無妨；但若同時邀請子女的同學、朋友參與，會損傷些許子女及本身的福德，平時多行善事無妨！

109-2. 父母親出錢幫已成年且能自主的子女或子女的朋友過生日，會損耗子女或子女朋友的福德，同時也損耗自身的福德，因不恰當不如法。恰當的做法是，由子女出錢安排好生日宴，邀請父母親餐與，父母親不用出錢，這樣做才恰當無礙。

109-3. 若已成年且能自主的子女出錢，幫父母親過生日（僅家裡人聚餐），這是孝心表現，一切無礙；但若廣邀親朋參加－如果父母親是達官貴人福德豐厚，損耗些福德無礙，倘若是一般大眾，建議儘量避免如此行為，以免損耗父母的福德！】

110. 弟子問：請示 師尊，皈依佛、法、僧三寶的真義？

【師尊答：

110-1. 皈依佛，是指歸入虛空聖境高靈師尊法脈，非是寺宮廟裡的金身。

110-2. 皈依法，是指承接虛空聖境法流（亦稱道），非是經典，佛書。

110-3. 皈依僧，是指接受可承接法流的人間
　　　指導者指導，或許是出家和尚或許是
　　　在家行者。】

111. 弟子問：請示 師尊，請 師尊詮釋 " 佛說一
　　　切法 為渡一切心 若無一切心 何用
　　　一切法 " 及金剛經上：" 法尚應捨
　　　何況非法 " ？

【師尊答：這些講的是指能協助行者澈見本
　　　性的法，當見本性後，這些法自
　　　然捨去不用，但尚未見本性前一
　　　定得用，否則難以見本性。
　　　澈見本性，尚未達究竟，只是恢
　　　復靈魂本來潔淨的原靈子原樣；
　　　有些人的原靈子來自阿羅漢界，
　　　有些人的原靈子來自菩薩界（佛
　　　界的原靈子當下沒有起念來凡
　　　間），當見性恢復原靈子原樣後，
　　　尚有很大提升的空間（証入佛境
　　　界）；擬在恢復原樣的基礎上，
　　　再往上提升，需藉助另一層次的
　　　法，這是真實法界的運作，不要
　　　被經典上表象的文字障礙！
　　　這猶如唸完大學，準備再唸碩士、
　　　博士班；之前學習的知識已溶入
　　　您的思維，當時所使用的書本方
　　　式不再使用，而要以另一種心態
　　　來面對接受碩士班、博士班的資

112. 弟子問：請示 師尊，民間傳說，冤親債主會
持令討債，請 師尊說明真實情形？

【師尊答：

112-1. 生命結束那刻起，靈體會被攝入相
應的天界，由該天的最高執政官主持
公道，依據劇本以及被害人的匯報查
明是否屬實，若屬實，會傳送給十殿
閻羅判決核發所屬令牌。若不屬實，
將由執政官與師尊討論責罰內容，由
執政官責罰。

112-2. 鐵令有些是玉帝根據殺害生靈的多寡
發出，因為不管何種型態都是生命。
以人或動物的怨念會較重，因為有六
識魂，昆蟲植物沒有六識魂，怨念相
對較輕。

時間順序	顏色	時效	申請方	發出單位	穿越各界限制	補充說明
1	金令	2000年/該界	無辜被殺之亡靈，或是被誤殺之亡靈	十殿閻羅，令上有玉帝圖章	有限制通行的空間	例如兩國戰爭，無辜被殺的百姓。
2	銀令	1500年/該界	互相傷害，受傷害較重的一方申請	十殿閻羅，令上有玉帝圖章	有限制通行的空間	因細故被殺害，例如因為口角就殺死對方。
3	銅令	1200年/該界	雙方互有傷害，都可申請	十殿閻羅，令上有玉帝圖章	有限制通行的空間	例如兩國士兵交戰，會有很多銅令，此時師尊會出來與雙方調和當場化解戰爭再輪迴兩個程序，反正只是一個程序。
4	鐵令	1000年/該界	不小心被傷害的一方	玉帝直接發出	暢行無阻	1. 自有戰亂以來，就會有此鐵牌。2. 總統戰爭或政策，因個人利益私心發佈戰爭或政策，因該戰爭或政策死亡的靈體，可向玉帝申請鐵令，向總統討債。
5	彩令	無限	超過3世或3世以上都同一人殺害的受害方	玉帝親發	暢行無阻	玉帝會審視被殺者的心念是好的，玉帝才會頒發。

備註：1. 有令牌時，未歸還表示此怨未消，會延續到下世或下下世直到償還債為止。

　　　2. 令牌的顏色，不是指事件的大小，而是指擬和解的順序，鐵令最優先，再依序為金、銀、銅令。

　　　3. 亡靈若申請鐵令，鐵令若執行時能讓債務人身體迅速衰敗。】

113. 弟子問：請示 師尊，"信為道元功德母 長養一切諸善根"，此句的真實義？

　【師尊答：一般將"信"解釋為"信心"，這不恰當！

　　　　　　這"信"正解為"正確的方式"，好比擬求得大學學識，但卻選擇小學課程，然後深信不疑，那永遠也求不到大學學識！

　　　　　　又好比放生行善，若將放生的生物放到不適合他們生存的環境，不但未達放生的目的，反而害了他們，甚至可能會破壞自然生態鏈，所以一切的善行，首先要有"正確的方式"。

　　　　　　修道也一樣，要有"正確的法門"，才不致於愈走愈遠！】

114. 弟子問：請示 師尊，世傳"印心法門"的真義？

【師尊答：這是世人沒有透澈真正佛法，而
　　　　　是根據人貪圖特別盲目崇拜，所
　　　　　創造出來的一種商業模式的人間
　　　　　佛法，它非正法，更不如法！
　　　　　此法會誤導眾生，並蒙蔽眾生智
　　　　　慧，創法者將永不得大智慧。
　　　　　修道就是清償業力業障淨化靈魂，
　　　　　調整清淨六識覺魂（心），除此
　　　　　之外，再無更直接了當之法！行
　　　　　者慎之！】

115. 弟子問：請示 師尊，有關釋迦佛當時在靈山
　　　　　會上，"拈花微笑"的真義？
　　【師尊答："拈花微笑"，以當時心境的正解
　　　　　為：原來是這樣！
　　　　　什麼東西原來是這樣呢？原來釋迦
　　　　　佛當下以第三眼看到修道的精髓核
　　　　　心是在承接法流淨化靈魂，這是實
　　　　　修實證的東西，無法以言語文字形
　　　　　容描述其真實境；而迦葉尊者當下
　　　　　也以第三眼看到同樣的真實境，所
　　　　　以與釋迦佛"會心一笑"，然，後
　　　　　世之人不明內涵，對這表相妄加揣
　　　　　測，以為是"以心傳心"或演變為
　　　　　"印心"，期人間行者慎辦慎思慎
　　　　　行！】

116. 弟子問：請示 師尊，請 師尊開示 – 禪宗初
　　　　　祖達摩說：「諸佛心第一，在於心
　　　　　不起處，含生、凡聖同一真性，但
　　　　　為客塵妄覆，不能顯了」的意義？
【師尊答：
116-1. 成佛的第一要件，在恢復到無始劫
　　　　前，未起念時的潔淨靈魂原樣，所有
　　　　群生原本都是潔淨靈魂，但因被起念
　　　　後的業力業障汙染，所以見不到潔淨
　　　　的原樣；待業力業障清償消散後，自
　　　　然顯現原樣。
116-2. 擬恢復潔淨的原樣（真性），必須消
　　　　散業力業障（客塵），擬消散業力業
　　　　障，必得虛空聖境的法流（宇宙原始
　　　　能，又稱 " 道 "），始能淨化消散！
　　　　法門千萬種，主要精華在於能否接收
　　　　到虛空聖境的法流（淨土天的能量只
　　　　能消散部分業力業障），否則虛忙一
　　　　場！】

117. 弟子問：請示 師尊，" 一人得道 九玄七祖
　　　　　升天 " 的情形？
【師尊答：先天真道授記過的同修，身上有
　　　　　一定的法流，可請法 " 拔度願意
　　　　　接受拔度的自己的歷代祖先亡靈
　　　　　 "，可從陰間拔度至天界，這即是
　　　　　實際的 " 一人得道 九玄七祖升天
　　　　　 "。

117-1. 同修授記後，可請法拔度
　　　願意接受拔度的歷代祖先
　　　亡靈，原則上可拔度 2 次，
　　　2 次拔度間隔半年以上。
117-2. 若同修精進，本身能淨化
　　　到虛空聖境 16/24 天（含
　　　16 天）以上，可請法作第
　　　三次拔度歷代祖先。】

●後記：以下是先天真道弟子 " 傳話師弟 " 張宇翔分享進行 " 快速拔度無始劫以來各種業力業障法 " 時的見聞錄：

1. 前言：

自覺人生苦短，擬修道有成的時間不易掌控，總希望能在短時間內可以清償業力業障，對人生及修道能有所助益。

適逢 師尊應因緣傳下 " 快速拔度淨化消散無始劫以來各種業力業障法 "，抱著試申請看看的心態，透過傳法師兄向 師尊申請該法！承 師尊應允可進行 " 快速拔度淨化消散無始劫以來各種業力業障法 " ！

以下是個人在進行各種快速拔度法過程所見的法界景象，與同修分享！

2. 內容：

2-1. 拔度淨化消散本靈無始劫以來所有業力業障及情緒法 –

先見到光點，光點漸變成業力業障型態：

有些是藍色的人形靈體，有些是土色帶金色的人形靈體，各自代表來自不同空間的冤親債主；持續唸咒中，法流流向這些靈體並進入祂們，此時，藍色靈體接收法流後漸變成黃色光氣；土色靈體漸變成金白色光氣，可以感受到祂們內在變的無限遼闊的現象 – 放下了怨結！

待持咒結束，法流逐漸停止傳輸，這些靈體被攝入該去的空間，在即將被攝去的當下，這些靈體產生很多重疊影像，並不斷震盪，就如金光咒描述的"洞慧交徹 五炁騰騰 金光速現"最後震盪快速形成一個光束，進入另一空間！

待祂們提升至另一空間後，透過空間傳輸，跟我說聲"非常感謝"！然後回歸祂們各自的空間！

事實上祂們帶著"怨氣"滯留在人的靈魂裡，也是不快樂的，只是祂們需要法流才能放下怨結，才能離開！

2-2. 拔度淨化消散六識魂及身魂無始劫以來所有業力業障及情緒法 –
唸咒時，見身體內飄出很多不同顏色的氣團（各種情緒記憶），這些"氣團"不斷被持咒產生的法流"汽化"消散！隨著唸咒結束，氣團全消散不見！

2-3. 拔度消散無始劫以來所皈依及修持過的所有宗派玄學法門法 –
持咒時，見彩色法流轉動且不斷變化顏色，從我身上冒出很多類似梵文的文字（曾皈依及修持過的法脈能量），各文字有不同顏色，彩色法流傳到文字上會對應相同顏色的文字，這些文字隨著持續唸咒，越來越淡，隨著唸咒結束，文字消失！此時看見自己的靈體只有先天真道的授記標誌，原有的各類文字都消散不見！

2-4. 拔度淨化消散從無始劫至目前色身的一
切疾病法 –
唸法持咒時，看到身體跑出很多不同法
界生物（像蟲），從身體離開！
註：不同法界生物對應身體不同部位的
疾病。

3. 後言：

3-1. 四個法唸完後，整個人覺得輕鬆很多，
不再有之前沉重的感覺。還沒唸法前，
看到自己的靈魂呈暗紅色，周邊帶著黑
色氣場而且靈體裡有很多雜點及不同顏
色的氣團，唸完當下，靈魂變呈黃白
色，周邊變淡淡的灰色氣場，雜點，雜
色氣團都消散了！感覺 " 法 " 的不可思
議，更感恩 師尊降法！
修道尚未究竟，仍需持續做功課不斷淨
化提升，自我加油！

3-2. 未唸四個法之前，內觀自己的情緒波，
若海浪起伏，當時以為那已經很平穩；
四個法唸完後，再內觀自己的情緒波變
成小漣漪，才知以前自認為情緒沒有大
起伏，原來是沒有自知！以後若有起些
許情緒，便要提醒自己內觀找源頭，並
調伏消散它！這樣才能不斷提升自己！

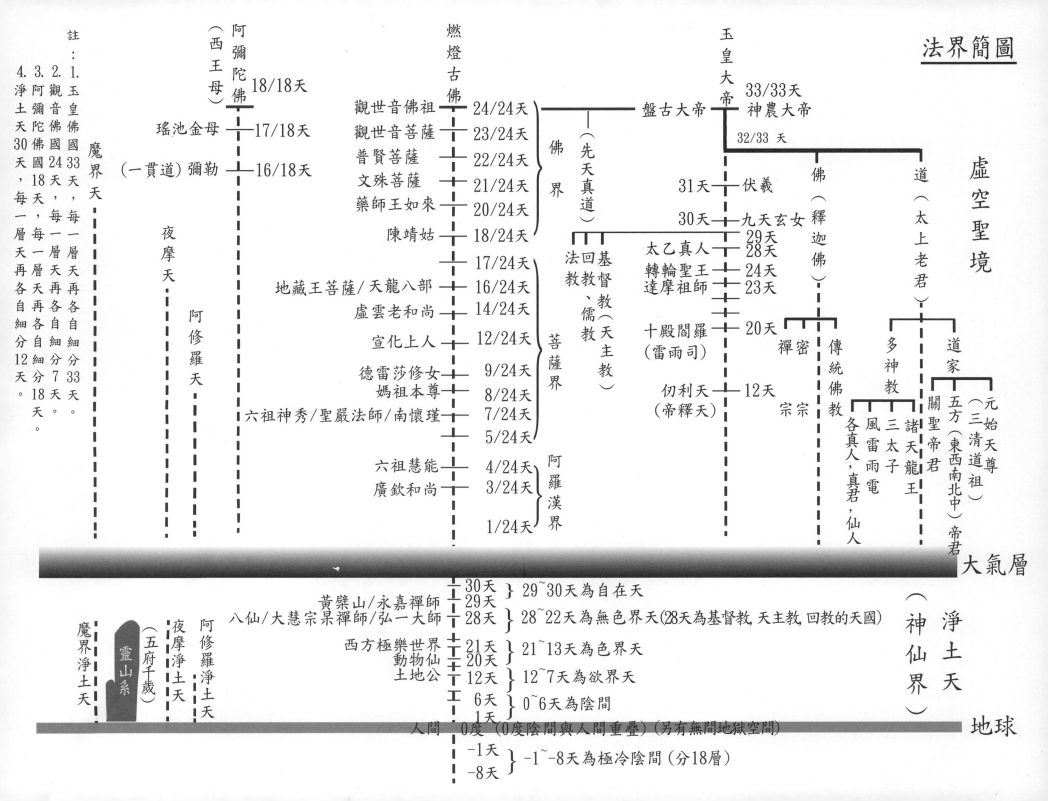

法界簡圖

虛空聖境

阿彌陀佛（西王母） 18/18天

燃燈古佛
觀世音佛祖 ── 24/24天
觀世音菩薩 ── 23/24天
普賢菩薩 ── 22/24天
文殊菩薩 ── 21/24天
藥師王如來 ── 20/24天
陳靖姑 ── 18/24天

佛界

（先天真道）

玉皇大帝 33/33天
盤古大帝　神農大帝
32/33天

佛（釋迦佛）　道（太上老君）

31天 ── 伏羲
30天 ── 九天玄女
── 29天
太乙真人 ── 28天
轉輪聖王 ── 24天
達摩祖師 ── 23天

瑤池金母 ── 17/18天
（一貫道）彌勒 ── 16/18天

法教　回教　基督教（天主教）
教、儒教

夜摩天

17/24天
地藏王菩薩／天龍八部 ── 16/24天
虛雲老和尚 ── 14/24天
宣化上人 ── 12/24天

菩薩界

十殿閻羅（雷雨司） ── 20天

禪宗　密宗

阿修羅天

德雷莎修女 ── 9/24天
媽祖本尊 ── 8/24天
六祖神秀／聖嚴法師／南懷瑾 ── 7/24天
── 5/24天

仞利天（帝釋天） ── 12天

多神教　道家（三清道祖）
禪密　傳統佛教
關聖帝君　五方（東西南北中）帝君
諸天龍王　元始天尊
三太子
風雷雨電
各真人，真君，仙人

六祖慧能 ── 4/24天
廣欽和尚 ── 3/24天

阿羅漢界

1/24天

魔界天

大氣層

30天 }29~30天為自在天
黃檗山／永嘉禪師 ── 29天
八仙／大慧宗杲禪師／弘一大師 ── 28天 }28~22天為無色界天(28天為基督教,天主教,回教的天國)
西方極樂世界 ── 21天 }21~13天為色界天
動物仙 ── 20天
土地公 ── 12天 }12~7天為欲界天
── 6天 }0~6天為陰間
── 1天

淨土天（神仙界）

魔界淨土天
靈山系
（五府千歲）
夜摩淨土天
阿修羅淨土天

人間　0度（0度陰間與人間重疊）（另有無間地獄空間）　地球

-1天 }-1~-8天為極冷陰間（分18層）
-8天

註：
1. 玉皇佛國33天，每一層天再各自細分33天。
2. 觀音佛國24天，每一層天再各自細分7天。
3. 阿彌陀佛國18天，每一層天再各自細分18天。
4. 淨土天30天，每一層天再各自細分12天。

附　　錄

先天真道主旨在將高靈師尊直傳的修道真法與有心向道之群生結緣，但真道之傳承與推廣，必得有經費支撐，故以務實之服務酌收結緣費，還請群生理解與體諒！感恩～

一、修道

　　　　　　　　　　　　　　　　結緣費

1. 初入先天真道　　　　　　　NT$3,000.-
   （含第一次功課）
2. 授記含第二次功課　　　　　NT$　900.-
   （師尊核可時，可授記，可自由選擇）
3. 更新功課　　　　　　　　　NT$　700.-/次
   （每2~3個月自主申請更新功課，師尊核可才可更新，才需付費．修道過程總計約12~16次的功課更新．）

二、其他服務

1. 各類問事　　　　　　4. 陰靈拔度
2. 金身開光或退神　　　5. 陽宅風水勘查
3. 各種祖先牌位事項　　6. 與法界／靈界溝通
　　　　　　　　　　　　　的和解辦事

其他服務的結緣費請掃描本書聯絡處 **LINE** 或微信的 **QR CODE** 與先天真道中心聯絡．

書名： 與神佛溝通

作者： 張修維

出版： 宏德陽實業有限公司（先天真道結緣中心）

電話： 02-22999827

地址： 台灣 242 新北市新莊區中德路 21 號 4 樓

聯絡方式：**Line: @602zdjbg**

Line

微信

定價： NT$320/ 本

出版年月： 111 年 6 月

版次： 再版

裝訂方式：ISBN:978-626-95857-1-7 （平裝）

目錄

1. 前言 1

2. 心經白話翻譯 3

3. 先天真道原理介紹 6

4. 法本 13

5. 師尊釋疑 15

前　言

1. 修道非單純的 ＂修心修行＂，而是一種＂淨化靈魂，提升靈魂能量＂的方式。

   靈魂是由本靈（自性）及六識覺魂（眼、耳、鼻、舌、身、意）構成；修道即是針對靈魂的構成一一淨化；修道分三個階段－

   1-1. 悟道：真正了解明白修道是在淨化靈魂，消散儲存在靈魂裡累世的業力業障及累世的習性、情緒記憶及消散六識覺魂及色身裡的業力業障！

   1-2. 得道：此道為宇宙原始能，又稱法流，修道必得有如法的方式才能接收法流，也才能以此法流清償消散累世的業力業障，這也是修道的精華，若所修持的法門接收不到法流，那就會是鏡花水月，夢幻泡影一場！而且法流量要夠，才有一世究竟的機會！

   1-3. 証道：經法流的運作，償清消散業力業障後，並進一步提升靈魂能量達到一定標準，同時清淨六識覺魂不受外環境影響干擾，對一切人、事、時、地、物都能遵循＂隨順因緣＂法則盡力處理，如此才有機會証道，這＂証道＂即佛家講的＂涅槃＂；道家講的＂証得大羅金仙＂，其他宗教講的＂回到主的懷抱＂。

2. 8000年前就已有修道法門的存在，當時只是一種法門，並沒有教派。直至2500年前中國產生道家思想（老子思想），同時尼泊爾也出現佛家思想（釋迦牟尼思想），當兩位聖人住世時，都有如法的修道法門；隨著兩位聖人的証道不駐世間，後世弟子的領悟各有差異，或被後世曲解原意或某種利益因素，各立門派，各立山頭，以至於失真、失傳，現代已難以找到真正的修道法門；道家演變成道教或民間信仰，雖也勸人向善，但流於以符籙催動鬼神，或吐納練氣養生或通靈辦事；而佛家則偏重於教化人心，勸人從善，修心或辦法會…等，這些都非"修道"的精華，真正的修道"是要能接收法流淨化消散業力業障提升靈魂"。

3. "先天真道的法門"，源自虛空聖境的高靈師尊；5000年前曾與人間結緣，現在再次與人間結緣；由虛空聖境高靈－觀世音佛祖，應因緣直接將修道方法，與人間有緣人結緣，不屬於任何宗派，只是一種修道方式－透過做功課承接法流，淨化消散業力業障提升靈魂的方式。

二、心經白話翻譯

1. 心經直譯序

般若波羅蜜多心經，是修心（註）之核心，自傳世以來，諸多詮釋解說，或簡或繁，層層疊疊，或有背道的，或有歪解的，或有近義的，但總難以直指核心真實義，使得諸多行者，如入迷林，失卻方向。適 2020 年 12 月因緣際會，師尊釋迦佛靈識降臨，末學立即請示師尊，心經是否 2500年前為師尊親傳？ 答案是肯定的，隨即伏祈師尊演譯心經真實義，因而誕生了本篇言簡意賅，直指核心法要的心經譯文－天意因緣，不敢私藏，謹遵天意分享群生，祈有緣者，能靜心了悟，不要為原本知識所障礙，善哉！

註：此心指的是靈魂；活人＝色身＋靈魂。
若以靈魂比喻為水，水面原本是平靜無波的，但因風（外來因素）吹水面而引起波浪（情緒起伏），如同靈魂原本是潔淨的，但因色身的覺受，接收外來的資訊產生煩惱，致使靈魂受汙染（業力業障）不再潔淨。假使清淨色身的覺受，則外來資訊對靈魂不起任何作用，好比以蓋子將水面蓋住，任風再怎麼吹，水也不起波浪一般（不起情緒）；又好比活人的色身能起覺受作用，而往生二十四小時後的色身依然存在，卻不起任何作用，因往生二十四小時後六識覺魂已開始脫離色身！（往生二十四小時內六識覺魂尚在肉身，所以色身仍

有覺受。）

色身的覺受是靈魂的延伸，而靈魂是提供色身的覺受起作用的能量來源；靈魂是真實永存的，是一團有思維的能量，能起妙用，非肉眼能見；色身是暫時真實存在，但卻會成住壞空，終歸於零。靈魂愈潔淨，色身的覺受愈清淨；若色身的覺受不清淨，會增加靈魂的汙濁度，所以管制色身的覺受是一個重要課題，而如何讓靈魂潔淨更是核心課題。

淨化靈魂的鍛鍊，就是修道！

2. 般若波羅密多心經 = 不斷淨化靈魂的過程

觀自在菩薩，行深般若波羅蜜多時，照見五蘊皆空，度一切苦厄。
【專心修道的行者，在做深度淨化靈魂修練一段時間後，深刻體會到我們的靈魂是能不被"六識覺魂產生的貪嗔癡慢疑"的一切覺受影響污濁的. 因為不受一切覺受的影響汙濁，所以也就沒有一切煩惱的存在.】

舍利子！色不異空，空不異色；色即是空，空即是色，受想行識亦復如是。
【靈魂的原樣！ 被汙濁的靈魂與潔淨的靈魂是不一樣的； 潔淨的靈魂與被汙濁的靈魂是不一樣的； 被汙濁的靈魂之原樣， 就是潔淨的靈魂； 潔淨的靈魂就是被汙濁的靈魂的原樣. 六識（眼耳鼻舌身意）起受想行識後（被汙濁）就不潔淨， 六識

4

沒起受、想、行、識前是潔淨的，和前面敘述的道理是一樣的．】

舍利子！是諸法空相，不生不滅，不垢不淨，不增不減。

【靈魂的原樣！是所有修練法門需要達到的靈魂潔淨的境界（稱空性）；潔淨的靈魂，沒有所謂的生或滅，沒有塵垢與不清淨；不曾增加也不曾減少．】

是故，空中無色，無受想行識；無眼耳鼻舌身意；無色聲香味觸法；無眼界，乃至無意識界；無無明，亦無無明盡，乃至無老死，亦無老死盡；無苦集滅道；無智亦無得。以無所得故，菩提薩埵。

【因此，潔淨的靈魂是沒有髒汙的，是不受覺受、念頭、行為及不受眼耳鼻舌身意干擾，也不受色聲香味觸法的影響；更不會受從眼界一直到意識界產生的六根六塵的影響；當恢復到靈魂原樣，對世間萬事萬物的運行皆清楚明白，沒有不了解的．也沒有所謂的老、死，也就是沒有因不斷的輪迴所產生的無窮無盡的"老、死"現象．沒有任何煩惱來干擾潔淨的靈魂，沒有妄想，沒有慾望．因為沒有任何慾望企圖，所以成為潔淨的靈魂稱為高靈．】

依般若波羅蜜多故，心無罣礙；無罣礙故，無有恐怖，遠離顛倒夢想，究竟涅槃。

【依照淨化靈魂的方式持續進行，心中無其他顧

慮，因無其他顧慮，就沒有可煩惱的事，就不會胡思亂想，到達靈魂完全清淨，恢復靈魂原樣，也就是達到究竟境界.】

三世諸佛，依般若波羅蜜多故，得阿耨多羅三藐三菩提。
故知：般若波羅蜜多是大神咒，是大明咒，是無上咒，是無等等咒，能除一切苦，真實不虛。
【久遠劫以來，所有潔淨的高靈都是依照淨化靈魂的法門持續淨化始達到靈魂潔淨的境界．恢復原本潔淨靈魂所具有的大智慧（對萬事萬物，明白宇宙運行方式，明白是何因緣際會，因果業力）．所以修道以淨化靈魂的方式進行是非常尊貴的；是成為智慧清明的方式；是沒有比這更完整的方式；是不能再遲疑等待的方式，是能化解消散一切的煩惱，是確實不假的方式.】

故說般若波羅蜜多咒，即說咒曰：
揭諦揭諦，波羅揭諦，波羅僧揭諦，菩提薩婆訶。
【所以說，淨化靈魂的法門過程就是：
淨化淨化，持續的淨化，淨化到潔淨無染的境界，恢復靈魂原樣（稱高靈）.】

三、先天真道原理介紹

自古以來，修道者眾，成道者少，何也？一為不明白何為真修道；一為無機緣接觸如法之法，因而總在門外徘徊。何為真修道？為何要修道？修道的目的是什麼？修道絕不是單純的看看佛書、誦誦經、打打坐、學習放下執念、看開些事情的修心養性行為。因人生的一切際遇，皆源自靈魂裡業力業障的牽引，想改善人生，要以如法之法從淨化靈魂裡的業力業障開始，才能有效果。而淨化靈魂，讓靈魂還原潔淨的狀態，就是修道！好比地藏菩薩說：地獄不空（靈魂不潔淨），誓不成佛（無法究竟）。就是這個道理。

1. 修道的目的

1-1【修道的短中期目的】

以如法之法，漸次淨化靈魂，漸次清償業力業障，隨著業力業障的漸次消散，漸次改善人生，讓人生更平順，更幸福，更健康，更美好！

1-2【修道的終極目的】

是淨化靈魂，使靈魂達到完全潔淨的境界。這稱為 " 究竟 "。
例如釋迦牟尼佛就是完全清淨的靈識，亦稱 " 大覺者 "。

2. 法界簡圖

修道需先清楚法界的大致架構，才知道修道與法界有何關聯。才能清楚修道前進的方向！

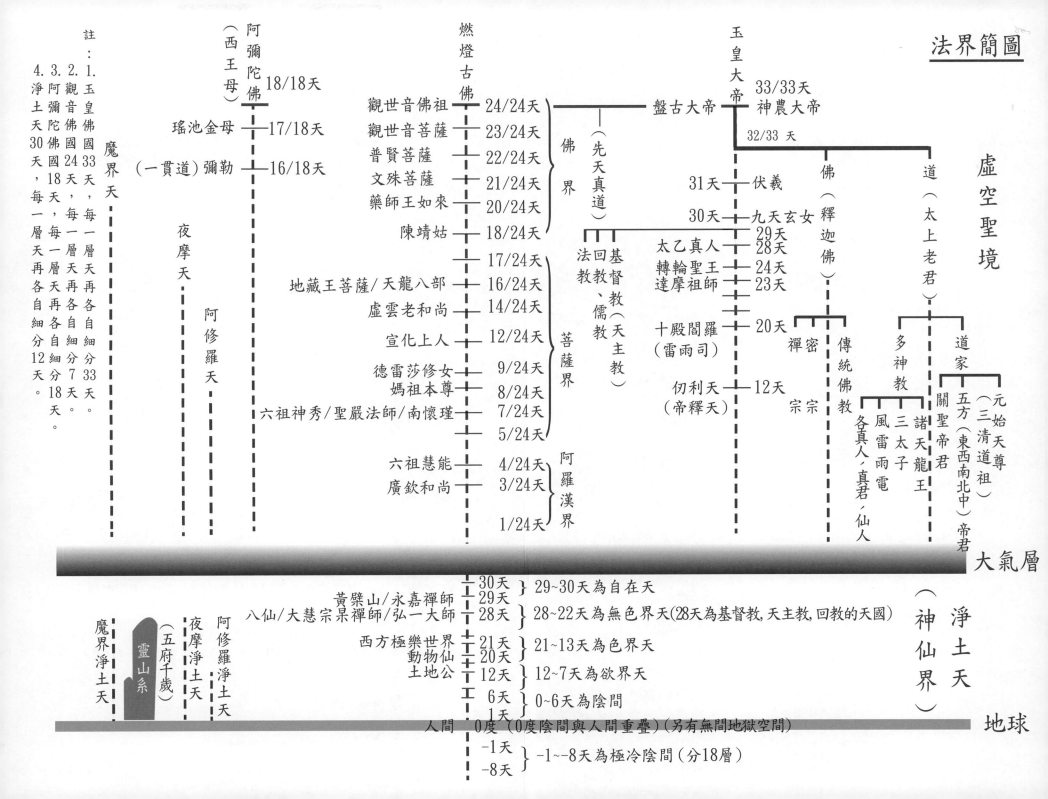

3. 身心靈的結構

上面清楚了法界的大致結構後，有關淨化靈魂的部分也必須先了解身心靈的結構，才能一一淨化。

【身】即色身，

【心】即六識覺魂，

【靈】即本靈（自性）

如下圖示：

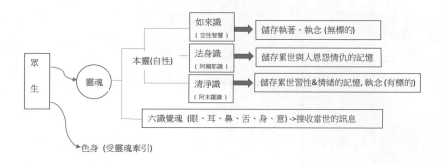

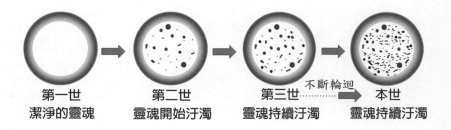

第一世	第二世	第三世	本世
潔淨的靈魂	靈魂開始汙濁	靈魂持續汙濁	靈魂持續汙濁

裡面的彩點代表在人世間與人的恩怨情仇及習性、情緒記憶（六識覺魂），往生重新轉世後，這些彩點會儲存在本靈裡，下一世除了受累世的恩怨情

仇（業力業障）牽引外同時又開始當世與人的恩怨情仇及習性、情緒記憶，如果當世沒有圓滿消散累世以及當世的恩怨情仇跟習性、情緒記憶，那麼，當世往生後，這些彩點又繼續存入本靈中，如此每一世的恩怨情仇（業力業障）及習性、情緒記憶不斷隨著輪迴存入本靈裡，若沒有如法的方法去圓滿消散本靈裡所累積的業力業障及習性、情緒記憶，靈魂得不到淨化，而變得越來越汙濁。如此將帶給人生諸多不順遂。因此想要改善人生，就必須從淨化靈魂開始，淨化靈魂也就是用如法之法圓滿消散儲存在靈魂裡的業力業障及習性、情緒記憶，靈魂得到淨化，人生的際遇就會得到改善，惡緣消散，就能進而創造好的善緣。

4. 修道的如法之法

先天真道是虛空聖境的師尊應因緣，直接從虛空聖境傳法予人間有緣人，是原始修道真法門。當今世上的修行法門，原本也是修道真法門，因經過幾千年的流傳或失傳或失真，比如各宗門有很多的咒語，來自各法界空間，一般人無法分辨，再經過輾轉傳承，咒語或發音或內容是否完整正確也無從考證，那麼用不同內容或不同發音的咒語修持功效上就會有落差；假設修先天真道一世有機緣成就，那麼修當今世上的法門可能需好幾世才能成就，差異在接收的"法能"及"法量"不同。
虛空聖境的師尊，審視每位同修的業力業障狀況，給每位同修適合每個人當下狀況的功課，隨著每位同修的修持進度，師尊會適時的調整適合每位同修的功課內容。功課內容涵蓋：

功課內容	主功能 60%	次功能 40%
4-1 經咒功課-	淨化如來識、法身識	淨化六識覺魂、清淨識、色身，疏通色身氣脈及法炁脈
4-2 禪修功課-	淨化六識覺魂、清淨識	淨化如來識、法身識、色身，疏通色身氣脈及法炁脈
4-3 動功-	淨化色身、疏通色身氣脈及法炁脈	淨化六識覺魂、清淨識、如來識
4-4 隨時內觀情緒、雜念、習性的源頭，協助淨化六識覺魂及清淨識		

5. 無（空性）與有的概論

    5-1. 實相界的 " 無我 "- 宇宙原始能：地、水、火、風、空、見、識 – 七大元素，在沒有因緣變生萬物前只是元素態，未形成個體，稱無我，又稱真如本性或真心；七大元素為玉皇大帝管控；而七大元素應因緣構成天下萬物及眾生，因緣又是玉皇大帝依因果原理操作，所以天下萬物及群生，可謂是玉皇大帝所創造，構成天下萬物及群生，即是 " 有我 "。

    5-2. 靈識的 " 無我 "- 智能（具智慧的能量團），祂從不思量作主，因緣起，才起念頭（洞悉天意，清楚什麼時空點可處理什麼事，不可處理什麼事，一切隨順

因緣），因緣未起前為"無我"，又稱
實相心；能應因緣變生一切法，此時
方便說為"有我"，智能具無我與
有我之理，師尊們即是"智能"。

5-3. 人界的"無我"：
    5-3-1. 六識覺魂不受外界干擾影響，
        即稱無我，這是一般大眾所
        體認的。
    5-3-2. 生其心而無所住 –
        應因緣起念（生其心），起念後
        盡力去規劃執行；執行中或
        執行後，不住於佔有，不住於
        煩惱，不住於自以為是，
        不住於是自己的功勞一切隨緣
        任運，即是"無我"。
    5-3-3. 生靈結緣，需加入"隨順因緣"
        的因素，一切自然分享，沒有
        強迫性，否則即陷入"我執"，
        我執即有我，隨順因緣即無我。
    5-3-4. 進一步，能盡量與人分享
        隨順因緣的空性智慧，
        是人間"真無我"。

四、般若心經修持法本

1. 頂禮（合十）唸3遍
   頂禮　南無觀世音菩薩
   頂禮　諸佛菩薩聖靈

2. 懺悔文（合十）唸3遍

   往昔所造諸惡業　皆由無始貪嗔癡
   從身語意之所生　一切我今皆懺悔

3. 般若心經全文（唸6遍）

觀自在菩薩，行深般若波羅蜜多時，照見五蘊皆空，度一切苦厄，舍利子！色不異空，空不異色；色即是空，空即是色，受想行識，亦復如是。舍利子！是諸法空相，不生不滅，不垢不淨，不增不減。是故，空中無色，無受想行識；無眼耳鼻舌身意；無色聲香味觸法；無眼界，乃至無意識界；無無明，亦無無明盡，乃至無老死，亦無老死盡；無苦集滅道；無智亦無得。以無所得故，菩提薩埵。依般若波羅蜜多故，心無罣礙；無罣礙故，無有恐怖，遠離顛倒夢想，究竟涅槃。
三世諸佛，依般若波羅蜜多故，得阿耨多羅三藐三菩提。
故知：般若波羅蜜多是大神咒，是大明咒，是無上咒，是無等等咒，能除一切苦，真實不虛。

故說般若波羅蜜多咒，即說咒曰：
揭諦 揭諦，波羅揭諦，波羅僧揭諦，菩提薩婆訶。
ㄍㄚ ㄅㄟ ㄍㄚ ㄅㄟ ㄆㄚ ㄖㄚ ㄍㄚ ㄅㄟ ㄆㄚ ㄖㄚ 桑M ㄍㄚ ㄅㄟ ㄅㄡ ㄅㄟ 司哇哈
Ga dei ga dei pa ra ga dei pa ra sam- ga dei bo de swaha

4. 心經短咒（唸24遍）- 以手指數數即可

嗡 揭諦揭諦，波羅揭諦，波羅僧揭諦，菩提薩婆訶。
Uong Ga dei ga dei pa ra ga dei pa ra sam- ga dei bo de swaha

5. 南無觀世音菩薩（唸18遍）- 以手指數數即可

6. 迴向文 （唸2遍）

祈請 南無觀世音菩薩調解
願以此功德 迴向給一切法界
消散所有業力業障
平安喜樂 萬事如意 圓滿吉祥

7. 南無觀世音菩薩（16 遍）

註：有心進一步深入修道者，請掃描本書 Line 或
　　微信的 QR CODE 與先天真道結緣中心聯絡。

五、師尊釋疑

1. 弟子問：請示 師尊，"先天真道"源自何處？
　　　　　　有哪些師尊？
【師尊答：
1-1. 先天真道法脈源自虛空聖境的玉皇
　　　大帝法脈及燃燈古佛法脈，經由
　　　觀世音佛祖傳予人間有緣。
1-2. 有三位總導師：玉皇大帝、燃燈古佛、
　　　觀世音佛祖，還有來自虛空聖境的師尊：
　　　神農大帝、釋迦佛、太上老君、
　　　九天玄女、觀世音菩薩、玄天上帝
　　　…等，及諸天聖靈。】

2. 弟子問：請示 師尊，"先天真道"是什麼
　　　　　　教派？可否概述內容？
【師尊答：
2-1. 先天真道不屬任何教派，只是一種
　　　實修實證修道法脈，屬於觀音法門。
2-2. 內容概述：
　　　2-2-1. 修持：依師尊交待的功課
　　　　　　　（經咒功課，禪修功課，動功）-
　　　　　　　每天修持，漸次消散累世的業力
　　　　　　　業障及消散累世習性及情緒記憶；
　　　　　　　並強化靈魂能量及強健色身。
　　　2-2-2. 調心：時時提醒自己遇事保持
　　　　　　　心平氣和，反觀起情緒的源頭，
　　　　　　　並消散它，在師尊指點下，

漸次領悟因緣法則－凡事皆有
其因緣，不強求，不攀緣，
順乎自然，勇於面對處理。】

3. 弟子問：請示 師尊，"先天真道"每位同修的
　　　　　功課為何都不一樣？
　【師尊答：虛空聖境的師尊，審核每位同修靈
　　　　　體的業力業障狀況，給每位同修適
　　　　　合每個人當下狀況的功課，隨著每
　　　　　位同修的修持淨化靈魂的進度，師
　　　　　尊會透過傳法師兄或傳法師姊調整
　　　　　適合每位同修當下的功課內容。】

4. 弟子問：請示 師尊，修"先天真道"需吃素嗎？
　【師尊答：
　　4-1. 沒有特別要求，全視個人身體健康需要，
　　　　　葷素不拘。
　　4-2. 但需避免吃活海鮮類的食物，吃冷凍肉品
　　　　　就好－因活海鮮在下鍋時，它們會掙扎痛
　　　　　苦，雖有化解法，但修道者還是盡量不要
　　　　　做。
　　4-3. 不能做釣蝦、釣魚等遊戲，這是戲弄生靈
　　　　　會造成生靈的情緒不安、恐慌，修道者不
　　　　　可為。】

5. 弟子問：請示 師尊，修習"先天真道"需要寫
　　　　　"疏文"嗎？可兼修其他法門嗎？若修
　　　　　一段時間，不想修了，會被師尊懲罰

嗎？

【師尊答：

5-1. 不需要寫"疏文"，只要與先天真道結緣
　　　請了功課，師尊自會知曉。

5-2. "先天真道"是自在的，沒任何拘束，只
　　　要是如法之法都可兼修。

5-3. 修或不修，來去皆自己自由選擇，師尊絕
　　　對尊重個人意願，不需有精神壓力負
　　　擔。】

6. 弟子問：請示 師尊，修持"先天真道"能改善
　　　　　　身體嗎？

【師尊答：

6-1. 修持"先天真道"功課，會拔度累世的業
　　　力業障，身體會隨著業力業障的消散而變
　　　好。

6-2. "先天真道"除了修持功課，也有師尊指
　　　導的動功可幫助活動筋骨疏通氣脈，改善
　　　體質。】

7. 弟子問：請示 師尊，"先天真道"同修都在家
　　　　　　做功課，若碰到修持上的疑問要去哪
　　　　　　裡向誰請教？

【師尊答：

7-1. 任何修道上的疑問，都可請教傳法師兄或
　　　傳法師姊，或執道使者。

7-2. 有必要時，傳法師兄或傳法師姊會向師尊
　　　請示同修的各種問題協助解決。

7-3. 原則上每四個月會舉辦一次現場同修會
　　（疫情除外），交流修道心得，有任何
　　疑問可當場提出請示！】

8. 弟子問：請示 師尊，俗話說：命愈算愈薄，
　　　　　真有其事嗎？來賓請示問題，要先
　　　　　結緣是何原由？

【師尊答：天律講求平衡，若有人擬藉算命
　　　　　卜卦或問神等玄學，來探知未來
　　　　　之事，以祈能趨吉避凶，免走彎
　　　　　路。則該人需要付出福德能量，
　　　　　直到該人付費福德能量才停止
　　　　　流失，同時算命風水師，或
　　　　　神職人員也一樣會損耗福德能量，
　　　　　所以福德能量損耗愈多，命就
　　　　　愈薄，而幫人算命看風水或代為
　　　　　問神的人員，也因福德能量的損耗
　　　　　會發生諸多不好事情。
　　　　　但若先付費結緣，則上述情形不會
　　　　　發生，為避免雙方不必要的福德能
　　　　　量損耗。故要請來賓先結緣再請
　　　　　示，如同上醫院看病，先掛號付費
　　　　　再看診一樣，此舉在創造雙贏，
　　　　　不要製造雙輸。】

附　　錄

先天真道主要在將高靈師尊（無形師）直傳的修道方式與有心向道的群生結緣，但真道的傳承與推廣，必需有經費來支撐，故以務實的服務收結緣費，還請群生理解與體諒！感恩～

一、修道

　　　　　　　　　　　　　　　　結緣費

1. 初入先天真道　　　　　　NT$3,000.-

　（含第一次功課）

2. 授記含第二次功課　　　　NT$　900.-

　（師尊核可時，可授記，可自由選擇）

3. 更新功課　　　　　　　　NT$　700.-／次

　（每2~3個月自主申請更新功課，師尊核可才可更新，才需付費．修道過程總計約12~16次的功課更新．）

二、其他服務

1. 各類問事　　　　　4. 陰靈拔度
2. 金身開光或退神　　5. 陽宅風水勘查
3. 各種祖先牌位事項　6. 與法界／靈界溝通
　　　　　　　　　　　的和解辦事

其他服務的結緣費請掃描本書聯絡處 LINE 或微信的 QR CODE 與先天真道中心聯絡．

編著者：張修維
發行人：楊淑寧
出版者：宏德陽實業有限公司
　　　　（先天真道結緣中心）
聯絡處：**Line: @602zdjbg**

Line　　　　　　微信

售價：NT$200/本